WAC BUNKO

私は、なぜ日本国民となったのか

金美齢

私は、なぜ日本国民となったのか◉目次

第1章 私は、なぜ日本国民となったのか

第2章 台湾人に生まれた悲哀

第3章 台湾独立運動に身を投じた五十年

第4章 台湾人の「日本精神《リップンチエンシン》」

第5章 「国家意識」なき日本人へ

装幀／神長文夫＋柏田幸子
カバー帯写真／佐藤英明
本文写真／著者提供

第1章

私は、なぜ日本国民となったのか

台湾は歴史の分水嶺を越えたかに見えたが……

日本に暮らすようになって五十年になる。昨年（二〇〇九年）九月、私は日本国籍を取得した。一九三四年（昭和九年）に日本統治下の台湾・台北市に生まれ、十一歳まで日本人（国民）として育った私にとって、台湾と日本はその後も心の中で、愛すべき、信ずべき、分かちがたい「二つの祖国」としてあり続けた。それがいま、なぜ台湾人（国民）ではなく、ふたたび遠い日の日本人（国民）に回帰する道を選んだのか。私が台湾を捨てたのか、あるいは台湾から捨てられたのか――。

二〇〇〇年三月、李登輝から陳水扁《ちんすいへん》へと台湾人の総統が二代続くことになったとき、私たち海外の台湾独立派は感涙にむせんだ。李登輝がもたらした本土化（台湾化）の流れが、台湾の運命を変える大河になるかと思われた。

民進党・陳水扁の総統就任は、半世紀におよぶ国民党の一党独裁体制に終止符を打ち、初の政権交代をもたらした。だが、立法院（国会）では少数与党であり苦しい政権運営を余儀なくされた。それでも、独立志向を明確にして戦った総統就任後の初の立法院選挙では、民進党は躍進し、国民党が大敗を喫した（議席数の逆転までには至らなかったが）。台湾は歴史の分水嶺を越えたかに見えた。私には、台湾が台湾人の国になることが間近に見えた気がしたものだ。

だが、二〇〇四年の総統選挙で陳水扁は再選を果たすものの、同年の立法院選挙で、対中関係の改善を訴えた野党連合（国民党、親民党など）に敗れ、彼は、責任を取るかたちで兼務していた民進党の主席を辞した。李登輝時代からの本土化は、ここに失速してしまったのである。

そして、二〇〇八年一月に行われた立法院選挙で、台湾はふたたび中国人の手に握られることになった。国民党が全議席の三分の二を超える八十一議席を獲得して圧勝、台湾独立を掲げ続けてきた民進党は二十七議席という歴史的大敗を喫した。

さらに同年三月の総統選挙で、民進党候補の謝長延《しゃちょうてい》・元行政院長（首相）は、二百二十万票以上の大差で国民党の馬英九《ばえいきゅう》に敗れ、八年ぶりに政権を失ってしまった。馬英九の得票数七百六十五万票に対して、謝長延の得票数は五百四十四万票であった。

一月の立法院選挙の勝利に続き、戦後の台湾を半世紀以上にわたって支配した国民党がふたたび行政と立法を一手に掌握した瞬間だった。

「私、台湾人をやめます」

この時、私の心は決まった。私は台湾を捨てる決心をした。

選挙翌日、日本に帰国するために台北の台湾桃園国際空港に向かい、空港でテレビなどの囲み取材を受けたが、ここではっきりと、「私、台湾人を辞めます」と宣言をした。

バッシングが起こるのは分かっていたが、言わずにはいられなかった。それぐらい私の失望は深かった。

私と数十年間、独立のため一緒に闘ってきた同志たちには、申し訳ない気持ちも当然ある。しかし、いま私の中に湧き起こる自然な気持ちは、「天地神明に誓って、恥じることは何もありません」ということだ。五十年間独立運動に関わってきた自負心が、曇りなく胸の中を占めている。

一緒に闘ってきた仲間たちも、私のこの心情を理解してくれるものと思う。

われわれ台湾人にとって、選挙はまさに国の将来、国民の命運がかかっている重大な選択である。国民党政権が誕生するということは、台湾の民主化が十年も二十年も後戻りしたあげく、中国と統一もされかねないのだ。私の五十年におよぶ長い戦いも水泡に帰す。だから、選挙は毎回、私の人生を賭けた戦いだった。

李登輝が引退した二〇〇〇年の総統選挙から、私はずっとずっと言い続けてきた。「国民党が勝つようだったら、台湾はもう中国に呑み込まれる。もうおしまいよ」と。だから勝たせてはいけないということをずっと言い続けてきた。

しかし、台湾の人たちには伝わらなかった。

私の警告が届かないのは、私が日本にいるということ、メディアの多くが国民党を支持しているということ、それから、多数の選挙民に台湾の将来に対する真摯《しんし》な自覚がないということがあげられよう。

馬英九のパフォーマンスに騙《だま》され、人に頼まれたといって、五百元や一千元の袖《そで》の下で投票する政党を決めてしまう。残念ながら、そのレベルなのだ。

多くの台湾人は、馬英九自身が「自分も台湾人だ」と公言しているから、中国に統一される心配はないだろう、中台関係をうまく進めてくれれば台湾の景気もよくなるだろう、という程度の甘い考えで国民党を勝たせた。日本人がちょうど、二〇〇九年八月の衆議院選挙で民主党を勝たせたときとまさに同じような安易な考えで、馬英九に一票を投じたのだ。

馬英九政権下の台湾がいったいどうなるか、私の予言は、いま刻々と証明されつつある。二〇〇九年だけでも、台中の定期直行便が相互乗り入れし、貿易や投資が活発化している。そして、そうしたことが、私の想像をはるかに超えた速さで進み、台中関係は急接近しているのである。

私の言葉は台湾人に届かなかった。

終戦後の国民党政権下、もし当時の台湾人に選択の自由があったなら（「民意」を問う自由な選挙があったなら）、八五パーセントの人々が国民党支配を拒否し、台湾の独立を求めただろう。台湾人による台湾人のための国を建国する。しかし、国民党一党独裁下の台湾にはそれを表明する自由はなかった。

一九四九年から三十八年間という途方もないほどの長い戒厳令《かいげんれい》の下で、台湾人は恐怖政治におののいていた。もの言えぬ台湾人が独立を望んでいるのに、自由な国日本にいる私が、その台湾の人たちの代弁をしないのは卑怯ではないか。国際社会に向かっての発言者にならなくてどうするのか。日本に留学して以来、この強い思いが、私を台湾独立運動に駆り立てた。

それから約半世紀、台湾も民主主義国となった。自由に投票できる立場にある人々が、国民党政権を選ぶのであれば、それは私が「少数派」になったということだ。私はもう五十年以上、日本で生活をしている。選挙結果の直接的な影響はない。ただ、台湾に少しでも良い将来があるよう、選挙のある度に帰って活動をしてきた人間なのだ。

であるならば、私がこれまでの、言ってみれば、人間としての〝突っ張り〟を続ける意味は、もうない。つまり、私は台湾から「捨てられた」のである。その結果、私も自分で台湾を「捨てる」ことにした。

二〇〇八年の総統選挙で民進党政権に投票した五百四十四万人は、みすみす台湾が香港と同じ運命をたどる日を歯ぎしりしながら迎えなければならない。

一国二制度になった台湾で私は、台湾人でありたくない。一国二制度の台湾の名の下で、台湾人でいたくはない。このまま台湾人であり続けるということは、中華民国のパスポートがある日、中華人民共和国のパスポートになるということである。それだけは死んでも嫌なのだ。

二〇〇八年の総統選挙で国民党が大勝した瞬間、私の心は台湾と決別をした。

台湾人であり続けたのは、人間としての〝突っ張り〟だった

一九五九年（昭和三十四年）に日本の地を踏んでから約五十年、私はいつ日本人になってもよかった。しかし、その選択をずっとしてこなかった。いつか、本当の意味での台湾のパスポートを手にするために、いつか、本当の意味での台湾という国をつくるために。

日本人になることは楽な道だ。楽な道を選ぶのは、フェアではない。「台湾人に生まれた悲哀」を理解していながら、その悲哀を味わっている同胞がたくさん存在する現実を前に、私一人だけが救われていいのか。私一人、日本のパスポートを手に入れて、台湾の現

実に目を閉じていいのか。それを、私は自分に許さなかった。

現実を見れば、日本に住む八～九割の台湾人が日本人になる道を選んでおり、それは、別に不思議なことではないし、人情としては当たり前である。日本の国籍のほうがよほど便利だし、国際社会においても大手を振って歩ける。

アメリカに行った台湾人も、例外なくアメリカ国籍を取得する。その中で、「何で私だけが、こんなに突っ張っていなくてはならないのか?」と、気持が揺らいだことは何度もあった。

しかし、台湾が民主化への道に向かって歩き出し、台湾建国の可能性が残されている間、私は日本人にはならない。台湾独立運動に身をささげている人間が、さっさと日本の国籍を取るなどということはやりたくない、と考えていた。

実生活上の利便性よりも、理念・思想を優先した。それは私の人間としての〝突っ張り〟だった。

台湾が台湾という国として、国際社会に出て行く目標のために、台湾の人たちが、台湾人アイデンティティをもって、台湾という国をつくる。その目標のために、突っ張りを続けてきた。

しかし、二〇〇八年総統選挙で、台湾人の政党である民進党は惨敗してしまった。台湾が国家として世界に認められるチャンスが、永遠になくなってしまった、と私には思えた。

なぜ民進党の勢いは落ちたのか

二〇〇〇年の総統選挙では、李登輝は再出馬せず、後任の国民党候補に副総統の連戦《れんせん》を擁立した。連戦の父親は台湾人であるが（母親は中国人）、彼のアイデンティティは中国人である。彼らはいつでも平気で手の平を返す。李登輝にして、それがわかっていなかったのか。

また、同じ国民党から宋楚瑜が離党して出馬。宋楚瑜《そうそゆ》は、「台湾総統」になるため、台湾省主席時代からバラマキをして歩いた人物だった。

国民党派から二名が出馬したために、票が二つに割れ、漁夫の利を得るように民進党の陳水扁が勝ったのが二〇〇〇年の選挙であった。三つ巴となって、辛うじて勝ったというのが実情なのである。運命の女神が初めて台湾に微笑んだのだ。

しかし、その後の民進党の立法院（国会）運営は、国民党多数による〝ねじれ〟であったため困難を極めた。鳩山総理の「友愛」ではないが、国民党に融和しようとするあまり、思い切った国会運営ができなかった。

いまになって考えれば、融和にとらわれずに思い切った手を打っていれば、民進党の地盤ももう少し固まったかと思われる。国民党にしてみれば、「協力して友愛でやりましょう」という民進党は、恐くも何ともないのだ。迫害を受けることがないと分かれば、国民党も野党として反対さえしていればいいし、官僚組織も面従腹背《めんじゅうふくはい》になる。

百戦錬磨の国民党にとってみれば、民進党などお人好し政党で、常に向こうから平身低頭で協力を求めてくるのだ。となれば、当然手玉にも取れる。

二〇〇四年の選挙で陳水扁はかろうじて再選されるが（得票率差〇・二二八パーセント）、国会は空転につぐ空転。政府が提出する法案は立法院でストップ。クリーンなイメージだった民進党議員が、汚職に手を染めたり、何かスキャンダルを起こすと、国民党寄りのメディアによって問題が拡大報道され、支持率が下降線をたどっていった。

台湾を外側から眺めれば、陳水扁が二期総統をつとめたことで、台湾も独立化への道に向かっているとの印象を与えたろうと思う。中国から離れ、台湾人の国をつくろうという胎動を感じた人も多いかも知れない。

しかし、実情は少々異なる。陳水扁が再選された選挙は、独立のための「革命」ではなかったのだ。

年々、台湾人としてのアイデンティティは強くなっている反面、経済・生活面においては、中国への投資を推進する国民党のほうが、台湾経済にプラスするという、経済界の声が高まってきた。

人間は豊かな生活に慣れると、さらにその上を求めるようになる。生活レベルの維持向上が何より優先され、主義主張は二の次、三の次なのだ。

中国というブラックホールが待っている

それにしても、中国というブラックホールが待っていることに、誰も考えが至らないのは何故なのか。

食べるものは豊富で、治安はいい、自由の保障はある。いまの台湾人にとって一番大切なものは、満たされた生活、金儲けであり、「自由」とか「国家観」とか、自分たちのアイデンティティなどではない。中国との経済的関係が強化されればされるほど、中国に呑み込まれる可能性が高まることを、頭のどこかで理解しながらも、目先の金儲け、いまの生活に釘付けになっているのである。

二〇〇九年四月十日付の産経新聞のインタビューで、陳水扁の後を継いだ民進党の蔡英《さいえい》文《ぶん》主席は、「馬総統は対中経済交流の拡大による利益追求にばかり目を向け、台湾の主権をいかに守るかを考えていない。胡錦濤政権が台湾に求めている『中国は一つ』との原則を黙認し、中台関係を『中国の地区と地区の関係』に矮小化《わいしょうか》しようとしている。主権問題をないがしろにした経済協定の締結は台湾が香港のようになる（一国二制度のもとに併合される）第一歩だ」と強い懸念を表明したが、この認識が総統選挙前に台湾人の共通認識になることはなかった。

二〇〇九年十二月には、中国と台湾が自由貿易協定（FTA）を柱とした、幅広い経済協力を目指す交渉をおこなうことを合意している。「中台経済協力枠組み協定」（ＥＣＦＡ）の協議は、二〇一〇年の中頃の調印を目指している。

台湾は急速に中国というブラックホールに引き寄せられているのである。

こうした馬英九政権による対中融和路線に対し、「台湾社会の分裂を招き、経済一体化が政治的統一にまでつながる」と、民進党など台湾独立派は抗議集会を起こしているが、二〇〇八年三月に時計の針はもう戻せない。ポイント・オブ・ノーリターンを超えてしまったのだ。

かつて国民党政権からの弾圧を経験した世代にとってみれば、台湾の本土化（台湾化）・民主化・自由化こそが望みだった。けれども、民主化も自由化もだんだんと達成されて、本省人（台湾人）と外省人（中国人）のバリアも少しずつ低くなってくると、あれほど願っていた「本土化」が達成されなくても、「まあ、いいか」となってしまう。

民主主義は、時には人を堕落させる政治制度であるが、それを超えた制度を持ち得ない現在、勝つためには頭数をそろえるしかない。まことに民主主義はその自由ゆえに自らも滅ぼしかねない。

台湾人はチベット問題を、わが事として考えようとしない

二〇〇八年三月の総統選挙中、中国軍によるチベット弾圧事件が起きた。中国政府の武力弾圧行為に多くの台湾人が憤懣をもつはずだ、これで今回の台湾総統選挙も民進党に有利になるだろう、という私の予断は大きく外れた。あれだけ国際的な大批判を浴びた衝撃的な事件だったにもかかわらず、結果的に総統選挙には、まったく影響がなかったのだ。

「チベットで起きていることは、将来、台湾にも起こる」という危機感をもたない人が大多数という現実。悲しいかな、それが現在の民度である。

「馬英九候補は格好いい」「民進党はミスばかり。馬英九であれば中台関係をうまく進めて経済がよくなるだろう」。マスコミの洗脳は効果的だった。

世界各国が大問題とした中国のチベット弾圧事件を、台湾人は、わが事として考えようとしない。残念ながら、チベット問題など台湾人とは関係がないと思っているのである。

これでは、再び民進党が浮上する可能性はない。国民党が、金も権力も全て握っている

状況では、選挙民を買収することなど何でもないことだ。台湾人が本当に目覚めて、自主的な一票を投じるというレベルにまでならなければ、民進党の復活の可能性は絶望的だろう。

昨年（二〇〇九年）十二月初めに行われた統一地方選挙では、民進党の得票率が少し増え、国民党が減った。馬英九の個人的な人気に支えられた与党優勢のムードが、消えつつある。中国に急接近する馬政権への危惧《きぐ》の表れだろう。しかし、得票率で言えば、民進党四五パーセント対国民党四八パーセントで、まだ三パーセントもの差をつけられている。国民党政権に期待している人たちがまだ大多数なのである。

台湾人の中にも、中国国民になったほうが、よほど世界における発言権が強くなる、と思っている人がいないわけではない。いまの台湾は、国際社会でまったく認められていないが、中国人であればどこに行っても威張って歩ける。いまや中国人になる選択を選ぶ人が出てきてもおかしくないだろう。

人間というのは、目先の利益を優先する。たとえそれが、最終的に自分の首をしめることになったとしても。残念ながらそれが現実なのだ。

馬英九という政治家

二〇〇八年三月の総統選挙に大勝した馬英九は謙虚のかけらもみせなかった。新旧交代の儀式後、彼は、総統府前広場で慶祝式典を挙行せず、会場を台北ドームに移した。日本統治時代を連想させる旧総督府を避けたかったのだろう。それから国民党主席などの相次ぐ北京詣《もう》でが始まった。

馬英九という人物は、韓流スターのようにハンサムな政治家だ。当選当時に比べると、この頃やつれてきたという声もあるが、それでも第一印象と言えば、やはり「ハンサム」ということになる。外見がいいために、女性の得票数をあげているのは間違いない。

まだ彼が台北市長の時代、二・二八事件被害者の家族が主催する追悼集会に、私も参加したことがある。その時、「ちょっと侮りがたい人物だな」という印象を受けたのは、彼だけが一人、黒いネクタイをしていたからだ。台湾人は、ＴＰＯを考えて服装にこだわるということがあまりないのだが、その中で彼だけが礼服に身を包んでいた。押さえるところをソツなく押さえられる人物である。

馬英九は、国民党内で大切に育てられてきたエリートだ。「将来、使い物になる」と、政府から奨学金を受け、「職業学生」としてアメリカに留学、ハーバード大学大学院で博士課程を修了している。ちなみに、「職業学生」というのは、国民党の紐《ひも》つき学生という意味で、勉強をする傍ら、独立運動勢力について、本国へレポートを送る学生のことである。

若くして出世街道を歩み、台湾総統に上り詰めた馬英九だが、国家の指導者としての能力不足が明白となった。

二〇〇九年の夏、台湾は台風の大被害に襲われた。その時、馬英九政権の危機管理能力の欠如が露呈され、内閣が総辞職する事態を招いた。また、米国産牛肉の解禁問題でも、米国との交渉力の欠如が、国内関係者の大反発を招いて支持率を落としている。

二〇〇八年十一月、北京から両岸関係協会のトップである陳雲林が訪台した。北京からの特使を歓迎するにあたって国民党の呉伯雄《ごはくゆう》主席（当時）も、海峡基金会の江丙坤《こうへいこん》理事長も、驚くべきことに自国の元首である馬英九を「中華民国総統」ではなく（もちろん「台湾総統」とは言うはずもなく）、「馬さん」と呼んだ。さらに中華民国の青天白日旗も掲げなかった。中国の新聞は、そんな彼らの自己卑下を当然視するように「台湾の指導者」とだけ表した。

台湾各地で激しい抗議行動が起こり、北京代表団と台湾側の会見場となった晶華酒店の周辺は、「馬政権は台湾を売り渡すのか」といったプラカードを掲げた何万人もの抗議の台湾人で埋まった。だが、その抗議行動は冷静なもので、会見場のホテルの窓から、反対の垂れ幕をたらしたのが目立ったくらいだった。しかし、馬英九政権は垂れ幕をたらしただけの女性二人を逮捕した。

馬英九という政治家は、ハンサムで人も羨むようなキャリアをもち、うわべは上手に飾られているが、端的に言えば、一国のトップとしては、力量不足の政治家である。

馬英九は学生時代、尖閣列島帰属問題について、かなり先鋭的な日本批判を展開していた反日家としても知られる。彼は香港生まれの中国人で、中国人は基本的に反日である。疑う余地は何もない。

中国人は変わらない

中国人が反日なのは、これは理屈ではなく、幼少時からの刷り込みである。「なぜ中国人は日本人を嫌うのか？」と、日本人は理屈を考えがちだが、これは理屈の問題ではない。

背後には抜きがたい日本へのコンプレックスがある。日清戦争は言うにおよばず、第二次世界大戦でも中国は日本に勝っていない。というより、まともに日本と戦っていない。戦勝国となったのは、アメリカのお陰である。だが、敗戦国である日本が、「何故、中国より経済発展したのか」「何故、中国より技術力が上なのか」、何もかもが、気に入らない。

一方で、中国は日本の技術とお金は喉から手が出るほど欲しい。胡錦濤政権が一面で日本に擦《す》り寄るのはそのためで、「日中友好」は方便である。

ちなみに、中国人は、理屈抜きでアメリカ好きと言える。現実の国際政治においては、米中対立の火種は多々あるが、とにかく中国人は無条件にアメリカ好きなのだ。

理屈抜きで日本が嫌い、理屈抜きでアメリカが好き。これは中国人に刷り込まれているDNAと認識すべきである。

NHKのドラマ『坂の上の雲』で、李鴻章《りこうしょう》が小村寿太郎に、「日本人はみんなこんなに小さいのか?」といった意味のことを言ったが、これが中国人の基本的なメンタルで、中国人は日本のことを、元来、「小日本」と呼ぶ。

私からすれば、日本人は救いのないほど中国人に対して甘い幻想を抱いている。

はっきりしていること、また今後も変わらないだろうことは、中国共産党政府にとって国民の生命などは鴻毛《こうもう》の軽さしかないということである。

晩年の毛沢東がソ連から大量のICBM(大陸間弾道弾)を購入していることに、訪中したフランスのポンピドー大統領(当時)が、「貴国は本気でアメリカとの全面戦争を考えているのか」と尋ねたところ、「場合によったらやるかもしれない。わが国は人口が多すぎるから、二千万~三千万人くらい死んでも一向にかまわない」という答えが返ってきて啞然としたという。文化大革命では七千万人が殺戮《さつりく》されたとも言われている。

この甚だしい人命軽視という〝中国式〟は、太古からいまに至るも変わらない。

私が、「中国人は変わらない」と痛感したもう一つの例を挙げておこう。上海出身で米ハーバード大学に留学し、帰国後は身についたリベラル感覚が中国共産党政権に耐えられなくなり、中国を出てシンガポールの新聞社の特派員として日本に長く住むことになった友人がいる。自由の価値を認め、それを守ることの意味を知っていた彼と私は、この日本で友人となったが、あるとき彼のひとことに私は絶句し、それ以後交際は途絶えた。

彼は私が台湾独立運動に関わっていることを知りながら、「台湾が独立するくらいなら、中国共産党にくれてやったほうがましだ」と言い放ったのである。

これが中華思想なのだ、と痛感した。自由や民主主義の価値を知りながら、彼の体の中には、さらなる上位概念として中華思想が沁《し》みついていたのだ。それは拭《ぬぐ》いようもない他者への蔑視と同質のもので、台湾人が華夷《かい》秩序から離れて生きる自由は一顧だにしない。彼らがチベット人やウイグル人などに対しても同様に見ているのは間違いない。それが日本人に対してでも変わらないということが、金輪際日本人の想像力の中にはないように思われる。

「日中友好」という言葉に、日本人はいつまで幻想を抱き続けるのか。

〝最前線〟は日本に移った

歴史的な視点から言えば、日本人がいわゆる東京裁判史観を未だに克服できないように、台湾人もまた華夷秩序にからめ捕られている。台湾人はふたたび長い忍従を強いられる。台湾海峡が中国の内海になるのは時間の問題だ。いまや中国という危険な存在を押しとどめる〝最前線〟は、この日本に移った。その現実を認識し、重責を担う覚悟がいまの日本人にあるのか。

このとき誕生したのが鳩山〝友愛〟政権とは、「まるで悪夢を見ているようだ」と言ったら日本人に失礼かもしれないが、馬英九に政権が移った瞬間の落胆と同じ思いを私は抱いた。私は、最前線で戦うことを決意した。二つの祖国の一つは、もう私の中では永遠に取り戻すことのできない暗闇に沈んでしまった。少なくとも私の生のあるうちには、浮上することはあるまい。

ならば、この身の能《あた》う限り、愛するもう一つの祖国を守りたい。夫であり同志であった周英明が生きていたら、恐らく同じ思いを抱いただろう。李登輝総統の時代ですら、中華民国のパスポートは要らないと言っていた夫である。

私は、私や周英明という人間をかたちづくった台湾人としてのアイデンティティ、そしてその根幹にある日本精神を守りたい。「中国式」に屈したくない。その戦いの最前線が日本に移ったのだと実感したとき、日本人（国民）への回帰を決めた。

中国が自らに呑み込もうとするのは、台湾の次は日本である。二〇〇八年五月初旬、胡錦濤は、中国の国家主席としては十年ぶりに来日し、「暖春の旅」と自ら名づけたように、日中友好を強調するのに躍起となった。この日本訪問自体が、前述した同年三月のチベット騒乱以後初の外遊で、日本との関係緊密化を印象づけることによって、国際社会で高まった対中批判を和らげ、中国外交の孤立を回避する目的をもっていたわけである。

一九八九年に起きた天安門事件のあと、「友好」の名のもとに日本に天皇訪中を要請し、それが実現したことで国際社会への〝復帰〟がかなったことの再来を企図したと言ってもよい。

二〇〇三年三月に引退した中国の銭其琛元副首相は、自身の回顧録『外交十年』で、外相をつとめていた一九九二年の天皇訪中について、天安門事件によって西側から受けた制裁を打破する戦略的な狙いがあったことを明らかにした。

「日本は中国に制裁を科した西側の連合戦線の中で弱い部分であり、おのずから中国が西側の制裁を打ち破る最も適切な突破口になった」と指摘し、天皇訪中が実現すれば、「西側各国が中国との高いレベルの相互訪問を中止した状況を打破できるのみならず、（中略）日本の民衆に日中善隣友好政策をもっと支持させるようになる」と書いている。

一九九七年五月九日、自民党行政改革推進本部総会で当時の武藤嘉文総務庁長官が、一九九五年にキーティング豪州首相からこんな話を聞かされたとして明かしたのは、中国の李鵬首相（当時）がオーストラリアを訪問した際、キーティング首相に「日本などという国はあと三十年もすれば潰れてなくなっている」と語ったという話だ。

天安門事件での国際社会の制裁を「日中友好」のためにいち早く解除し、天皇訪中を実現して〝親中外交〟につとめた日本を、中国の首脳部は感謝するどころかこう見なしていた。日本人はこのことを、しっかり記憶にとどめておくべきである。

狡知に長けた「中国式」に対抗するためには、日本人はしっかりした国家観、歴史観をもたなければならない。自国の歴史に対する深い造詣《ぞうけい》と自負が求められる。

人間はいつの時代の、どんな国の、どんな両親のもとに生まれてくるかは決められない。それは運命である。その運命の中で、自らの生をすべて受け入れたところから人生は出発するしかない。日本人に生まれたということは、日本という国の歴史を背負っていくということである。

「これはいいけれど、あれは嫌だ」というようなご都合主義はきかない。日本人であることから逃れられないし、否定もできない。日本人として生まれたことをどう受け止め、どう背負っていくか。いかに前向きに、より良い人生をめざすか。日本人に回帰した私の役目は、それを語っていくことだと思っている。台湾という祖国を心のうちに喪《うしな》ったいま、もう一つの祖国である日本を喪うわけにはいかない。

亡き夫、周英明《しゅうえいめい》が愛し、終生その行く末を気にした台湾と日本の二つの祖国。「〝中華民国〟には近寄りたくない。嫌だ」と言った彼は、日本人として最前線に立つことを決めた私と、きっと同じ道を歩んでくれたにちがいない。

第2章

台湾人に生まれた悲哀

歴史の転換点となった二・二八事件

戦後、台湾では、中国海軍が香港あたりから密輸してきた外国たばこを、元締めから仕入れた台湾人が街角で売る光景が、普通に見られた。

国民党政府は、密輸たばこの町売りには神経をとがらせていた。というのも、密輸たばこが、中国人が管轄下におさめた専売局で売っている台湾たばこの売り上げの足を引っ張っていたからだ。それに裏取引もある。中国人が台湾に入り込んだ直後から、中国のこの悪弊が台湾にも浸透していた。密輸たばこ取締りという大義名分のもと、警官が「警察に行こう」と脅すと、密売人は、なにがしかのカネを警官に渡す。警官の小遣い稼ぎの手段として悪慣行となっていた。

一九四七年（昭和二十二年）二月二十七日の夕方、取締官六人が武装して、台北で最も賑やかな下町の大稲埕《だいとうてい》にパトロールにやってきたときのことだった。いつもは、あらかじめ見張りがいて、取締りの情報が入ると、密売人は一斉に路地裏などに隠れてやり過ごしていたが、このときは、密売で生計をたてていた未亡人が、逃げ遅れてつかまってしまった。「子供がいるんです」『生活に困っているのでどうかお見逃しを」と土下座して懇願する未亡人から、取締官は、密売たばこを取り上げ、ジープに引き上げて連行しようとした。未亡人は渾身の力を振り絞ってこれに抵抗した。そこで取締官は、小銃の台座で未亡人を殴り、頭からは血が流れた。

事ここに至って、一部始終を見ていた群衆の「赦《ゆる》してやれよ」というヤジは、ついに、「やっちまえ」に変わり、取締官めがけて殴りかかった。身の危険を感じた取締官は、群集に向かって発砲し、けが人が出る騒ぎになった。

翌二十八日朝、民衆の怒りは収まらず、「発砲して怪我をさせた警官を処罰せよ！」と専売局前の広場に群衆が押し寄せた。専売局は、群集を説得するどころか、二階のバルコニーにいた警備兵が、広場にいた群集に向かって機銃掃射し、数人の死者が出た。

この事件により、枯れ草に火がついたように、怒りの炎は、台北から台湾鉄道に沿って一気に南下し、新竹《しんちく》、台中、彰化《しょうか》、嘉義《かぎ》、台南、高雄まで燃え広がった。国民党の圧政にそれまで息を殺していた台湾人たちの鬱憤が爆発した。

その後、三月二日から五日まで、台湾統治の責任者・陳儀長官と、民間人有識者からなる「二・二八事件処理委員会」による話し合いがもたれ、陳儀長官は台湾人の要求に耳を傾けるかのような姿勢を見せた。しかし、彼は最初から台湾人の要求など受け入れる気はまったくなかった。事件発生と同時に、南京に鎮圧部隊を要請し、到着までの一週間は「時間稼ぎ」に過ぎなかったのである。

三月八日、南京から鎮圧部隊が基隆港《きーるんこう》と高雄港に到着し、台湾全土でこの後、凄惨な殺戮《さつりく》が繰り広げられることになる。とくに基隆では、片端から無差別殺人が行われたと言われる。

台湾を統治する陳儀長官は、終戦の年の十月、国民党軍の台湾進駐軍代表としてやって来た。「親愛なる同胞よ！　いまや諸君は祖国の懐に温かく抱かれたのだ」という呼びかけに、大部分の台湾人は胸を熱くし、祖国復帰の喜びに浸っていた。

小旗を振る市民に迎えられる中国兵は、おそらく、兵士を歓迎する馬鹿な市民を見て驚いたことだろう。兵隊を見たら、強姦と略奪を怖れて、女と金目のものを隠して逃げるのが、中国大陸の常識だった。規律正しい日本軍とは雲泥の差のならず者集団だった。

ほどなく「国軍」の精兵が最も危険な存在だと気づいた台湾人は、失望と落胆の奈落に落とされていった。そして、この二・二八事件が起きたのである。

二・二八事件によって、公式発表の数字だけでも約二万八千人に至る台湾人が虐殺された。これは、当時台湾国民の二百人に一人が犠牲になった計算である。

国民党政府にとっては、この台湾全島に広がった騒乱は、台湾に根付いてきた古き好《よ》き日本の教育を受けた反体制のリーダーたち、つまり、最高の教育と教養を身に付けたエリートたちを抹殺する〝絶好の機会〟でもあった。換言すれば、半世紀にわたった日本統治の「遺産」の粛清を遂げたのである。

「民族浄化」という悪魔的、非人道的な虐殺の原型が、台湾において、中国人によってつい半世紀前に行われたことを、どれほどの日本人が知っているだろうか。

台湾全土で横行した白色テロ

事件当時、私はまだ十三歳の子供だった。総統府の斜め前に位置した私の通う台北第一女子高級中学校は、かなり長い間休校となった。街の大通りは歩くこともできず、市民生活は停止し、まさに戒厳令下に置かれた。

私は戦時中に疎開した台北市北部の北投という温泉地に住んでおり、事件発生のニュースも、時々刻々と入ってきていた。

台湾でまだ牛乳を飲む習慣があまりなかった時代、我が家では牛乳を飲む習慣があったのだが、郊外の家の裏手にある牧場に牛乳を買いに行くときも、ひどく遠回りすることとなった。

「友達の兄弟や父親が、事件には何も関わっていないのに、連行されたまま帰ってこない」という話が日常茶飯事のように聞かれる異常事態だった。

夫の周英明は当時、高雄中学の一年生だった。

ある朝登校すると、上級生に講堂に集まるよう言われた。行ってみると、小銃で武装した上級生たちが緊張した面持ちで入ってきて、決起演説をした。そして在校生を小隊ごとに編成し、周も学校の警備につくことになった。

しかし、「もう中学には行かないほうがいい。中国から援軍も来たし、要塞の兵隊も山から下りてくる。行くのは止めなさい」という大人たちの制止もあり、周は学校に行くのを止めた。ところが、周の兄は、「友達と誓ったから、行かなければ」とゲートルを巻いて、中学の中に消えた。

その後、大人たちの忠告通り、高雄中学は中国兵に完全に包囲され、銃撃戦で双方に死傷者を出した末、中国軍によって落とされてしまった。

「高雄中学の校庭は血だらけで、死体の山になっている」などというデマが飛び交い、周の兄は来る日も来る日も帰ってこなかったが、一週間ほど過ぎたある日、農民の服装に変装して無事、生還したという。

それから数日して中学校が再開され、周が朝、家を出て駅前広場にさしかかった時、黒山の人だかりができていた。「何だろう?」と人垣の間から、中の様子をうかがった周は、ショックのあまり顔面が蒼白になった。

それは公開処刑が行われた直後であった。三人の死骸が横たわっていたが、その中の一人が、高雄中学を卒業していた周の先輩だった。一部始終を見ていた人の話によれば、三人はトラックで駅前広場まで運ばれてきて、手は後ろに縛られ、足も縛られて身動きのできない状態で、トラックの上からアスファルトの地面に蹴落とされたという。

中学一年生だった周だが、体の中には少年らしい熱い血潮が煮えたぎっていた。「義を見てせざるは勇なきなり」――あんな奴らの言いなりになるものか、という思いは持ち合わせていた。しかし、その光景を見た瞬間、周の心の中にあった道徳心や勇気、正義感は凍結してしまった。自分の関心を勉学のほうにむけ、政治に関わることは金輪際すまい、と心に誓ったと述懐していた。

二・二八事件は多くの犠牲者を出したが、その後も蒋介石政権は粛清テロ、いわゆる白色テロ（権力を持つ側が行う反政府運動や革命勢力への弾圧行為）を、一九四九年から一九五二年の三年間をピークとして、台湾全土で行った。

中国共産党支持者や共産主義者の摘発を大義名分としたこの白色テロは、その後、夫の周がかよっていた台湾大学内までおよび、不用意な発言をしようものなら、その学生はいつのまにか寮から消え、しばらくすると、台北市を流れる淡水河の河原で銃殺死体で見つかったという。

出頭を命じられ、そのまま帰らなかった台湾大学文学部長

国民党政府を打倒しようと動いた人間を処罰するなら、理不尽ではあるが、まだわかる。しかし、当時、台湾大学文学部長だった林茂生に関しては、弁解の余地はない。

彼は、アメリカのコロンビア大学で博士号を取得した台湾人初の文学博士だった。文学の研究以外、政治的な動きは何もしていない人だった。もちろん、二・二八事件への関与も皆無であった。

そんな彼に、警察から呼び出しがかかった。

「私は無実だ。天地神明に誓って、何もしていないから、大丈夫」と家族に言い残して出頭したが、そのまま二度と家に戻ることはなかった。

台湾人は、半世紀にわたる日本統治時代に、法治国家の理念と遵法精神というものを叩き込まれている。「法律を守る」「自分が法律違反をしていなければ、たとえ疑われても無実は明らかになる」という精神である。その上、アメリカへの留学経験がある林茂生であ

れば、なおのことこの確信は強かったことだろう。

いまになってみれば、彼が殺されるには理由があった。台湾きっての優秀な頭脳の持ち主だったということである。つまり、それほどに、国民党政府は、台湾人エリートを危険視していたといえる。

林茂生には医者の息子がいた。後に彼は、国際公共衛生学会の会長まで務め上げた人物だが、父親が無念の死を遂げたこともあって、彼自身も台湾人意識が強かった。周囲は、そんな彼に父親と同じ災禍が及ぶことを案じて、WHO（世界保健機関）に送り出した。一種の亡命である。

台湾人と中国人の決定的な違いは何か

その後、国際的に活躍するようになった林茂生の息子は、いまから三十年ほど前に東京大学を訪れ、留学生の集まりで講演をした。

その時、東京大学に留学し、後に学者となった客家《ハッカ》系（中国の華北から広東省を中心とした南東部に南下移住してきた漢族の子孫。他の漢族や少数民族と異なり、独特の方言をもつ）の人物が参加していた。

彼はわざわざ講演者の父親・林茂生について言及した。

「僕の友人の中国人が、後日、『あの時、林茂生はどうして、のこのこ出かけていったのだ。われわれ中国人だったら、そういうときは、とにかく身を隠す。一時、難を逃れれば、台風一過で済むこともあるんだ。台湾人は無知だから、自ら虎の穴に飛び込むような無謀なことをして』と話をしていましたよ」

何というメンタリティの違いだろうか。

私はカーッと頭に血が上って、一気にまくし立てた。

「あなたは何を言いたいの！　ノコノコと出て行ったほうがバカだと言いたいんですか？法を守る人間が馬鹿で、中国の汚いやり口が利口で正しいと言わんばかりじゃないの。ルールを守る人間より、ルールを守らない人間のほうが正しいというの！」

長年、じっと父の無念さを思いながら、心に深い傷を抱えてきた息子にとって、その古傷に塩を擦り込まれるような発言ではなかったかと、その時のことを思い返す度に胸が痛む。

台湾人と中国人の決定的な違いは何か。それは、「公」の精神があるかないかもそうだが、もう一つは、法を信じるか信じないかである。「法治」か「人治」か。これは日本人が、肝に銘じておくべきことだ。

台湾人は、日本の五十年の統治下で遵法精神が養われているが、中国人には遵法精神などと皆無だ。そもそもが「何でもあり」の無法精神で、「邪魔なものは抹殺する」だけ。しかも、そのことに何の痛痒《つうよう》も感じないのである。

戦後四十数年間、台湾を覆った恐怖と諦め

日本統治下で「法」を信じ、お人好しに育った台湾人など、国民党にとってみれば、赤子の手をひねるようなもので、弾圧もしやすかったことだろう。彼らは、残虐な弾圧の手段をいくらでも知っている。

台湾というのは島国で海に囲まれており、ある意味では「大きな監獄」とも言えた。み

な身分証をもたされ、身動きできず、完全に国民党に支配されていた。

台湾人は、国民党政権に強烈な嫌悪感をもっていたが、血を流してまでも独立を勝ち取ろう、という気持はもてなかった。リーダーたりえる人物が次々に殺害されたり、監禁されたり、思想感化をされたりといった悲劇に遭っていたのだ。まして、肉親が殺された人間は、立ち上がれないほどの痛手を負い、癒されない傷を抱えながら生きていた。

司馬遼太郎の『台湾紀行』の中には、思想犯として十二年の刑期を言い渡された英語学者の柯旗化《かきか》、往診に呼ばれた先で獄舎に入れられ、拷問・監禁を受けた内科医の沈乃霖《しんないりん》のことが書かれているが、多くの台湾人が、「絶対勝ち目はないだろう」という諦めの境地に陥らざるをえなかったのである。

恐怖と諦めが、戦後四十数年間もの間、台湾を覆ったが、それは、いまの日本人が想像もできないほど過酷だった。

繰り返すが、当時の台湾人に選択の自由があれば、八五パーセントの人々が国民党支配を拒否し、台湾の独立を求めただろう。

留学という名の「亡命」

夫の周英明は、自分が抱えている反逆心がいつか爆発し、国民党批判を始めて捕まってしまうのではないか、自分自身をコントロールできなくなるのではないか、という恐怖心をずっと抱えながら台湾大学時代を過ごしていたという。

そのころ、日本の文部省が国費留学生制度を開始した。留学費用は全額日本政府がもち、生活費も支給される。「この道しかない！」と考えた周は、猛勉強をし、試験に合格。東京大学大学院への貴重な国費留学の切符を手にした。一九六一年（昭和三十六年）春のことであった。

台湾から出るということは、独裁国家からの脱出となる。つまり、若者が留学をするということは、多かれ少なかれ、留学という名の「亡命」であった。そうした中で、若者の多くはアメリカをめざした。

夫の周が在籍した台湾大学工学部電気科は、卒業生の七割から八割がアメリカへ渡ったという。これは、いまの日本人から見れば、驚くべきことだろう。しかし、それが当時の台湾では当たり前のことだった。

留学が決まり、アメリカのビザを取った彼らは、「これで、私は天国へ行ける」と、よく言ったものだ。当時のアメリカは、「解放」であり「自由」であった。だからアメリカに留学すると、みな帰らなかった。

当時、日本への留学を希望する台湾の若者は少数派だった。日本は留学生にとって、第二の選択であった。それは当然のことだろう。アメリカは圧倒的に豊かで、自由な、世界一の大国だったのだ。だから、日本を選択する人は、私の夫のように、よほど日本が好きか、アメリカ行きに手が届かない人間かであった。

夫の周英明は、日本に着いてから、「とうとう、本当の自分、周英明に戻ることができた！　もう誰に対しても自分を偽る必要はない。台湾を支配する国民党の連中、ざまあみろ。私はお前たちの手中から逃れて、自由な国に来た。もう決して、お前たちには捕まるものか！」と、心の中で繰り返したという。

しかし、一月ほどが過ぎ、次第に心が落ち着いてくるにしたがって、別の思いが頭をもたげてきた。

「私は、これまで一所懸命勉強して、学者になりたいと思ってきた。そしてその道は開け、前途洋洋である。しかしそれは個人的な問題が解決されただけではないか。『万歳、万歳！』と有頂天になって、何をしているのか。両親や兄妹、親戚、学友はみんな、いまも台湾で苦しんでいる。蔣介石を頭とする国民党政府の圧制は、少しも改善されていないではないか」

こうした声が、日に日に、周英明の中で大きくなってきたという。

次章で詳しく述べるが、私の場合も、日本留学後、周と同様の問題意識を強く抱くようになった。

つまり、留学という政治亡命の末、私たちのような人間が集まり、台湾独立運動は始まったのである。日本の台湾人学生がまず行動をおこし、その後、アメリカでも運動が展開されていった。

「あの周英明という人が、スパイにいいのではないか」

しかし、独立運動などにかかわらない留学生が大多数だった。留学先には、蔣介石政権のスパイであるとか、政府からお金を貰っている紐つき「職業学生」がいるのだ。

日本やアメリカで反政府的な言論を展開しようものなら、台湾にレポートが送られた。国民党は、そのレポートによって「独立派」を特定し、台湾に残された家族に圧力をかけるのだ。海外にいる独立派勢力を逮捕することはできないからだ。だが、もちろん、パスポートの没収、ブラックリストへの記載と、直接本人自身にかかってくる迫害もある。台湾に残された家族を思えば、独立運動など普通は怖くてできないものだった。

夫の周英明は、特務機関からスパイ活動の依頼を受けている。周のような、誰が見ても真面目で優等生で勉強しかしていないような人間に、お声が掛かるのだ。当時、留学生の間でも目立っていた私のような人間には、依頼はこない。

周は、日本の文部省の国費留学生であった。学費が免除された上に、毎月二万五千円という奨学金が支給され、学生寮の家賃も非常に安価。「留学生貴族」という陰口をたたかれることもあったそうだが、それほど至れり尽くせりの待遇だった。

ある日、周に在日中華民国大使館・文化参事官からお呼びが掛かった。文化参事官というのは、留学生の監督をする元締めなので、当初は大使館に行くことを逡巡したらしい。どういう縁で呼ばれたかと言えば、じつは文化参事官の夫人が、偶然にもかつて周が台湾で家庭教師をしていた教え子だったのだ。それもあって、「あの周英明という人が、スパイにいいのではないか」という話になったのだろう。

文化参事官は、こう切り出してきたという。

「あなたには、いろいろな仕事を手伝ってもらいたい。あなたは東大にいるし、いろいろな留学生との付き合いもあるだろうから、誰がどこで何を言ったかということを、定期的に報告してほしい。いろいろお金もかかるだろうから、毎月八十ドルお渡ししますよ」

周に、月八十ドルでスパイになれ、というリクルートだった。当時、一ドルが三百六十円の時代だったから、八十ドルは三万円弱になる。大卒初任給の二倍ほどにあたる二万五千円の奨学金をもらっている上に、さらに三万円弱を出すという。

しかし、そんなことは彼にとって問題ではなかった。まず、友達を売るなどという卑怯なまねはできなかったので、当然、申し出は断った。だが、大使館の心証が悪化するのは間違いなく、台湾に帰れなくなることを覚悟したという。

日本当局と台湾特務機関の裏取引

当時、日本と中華民国には正式な国交があり、国民党政府側が、日本の入国管理局に働きかけ、独立運動派を台湾に強制送還させることがあった。

後で分かったことだが、日本側は、強制送還に協力するその見返りとして、日本国内に収容されている台湾人麻薬犯の引き渡しを了解させていたのだ。

それまで、国民党政府側は麻薬犯の受け取りを拒否していた。日本側としては、禁固刑に処した台湾人を、ずっと日本の税金で養い続けたくない。そこで独立運動派と、この麻薬犯とを抱き合わせて、台湾に送還するという裏取引が成立していた。学生一人に対し、麻薬犯が八人の比率であった。

日本政府は、国民党政府と共謀し、われわれの仲間を死刑台に送り込んでいるようなものだった。かつて日本の入国管理局は、こんな非人道的なことをやっていたのだ。犯罪者を厄介払いしたいがために、政治亡命者を犠牲にしたのである。

父からの中国語の手紙で異変に気付く

「鬼より怖い特務」と呼ばれた国民党政府の特務機関が、日本で反政府・独立運動をしている娘の父親に圧力をかけないわけはない。

結婚して間もないある時、私のもとに父から手紙が届いた。

封を切って内容を読んだ私は、「これは怪しい！」と直感した。

私たち親子はいつも日本語でやりとりしていたにもかかわらず、そのときだけ中国語だったからだ。「あっ、これは特務に書かせられたな」とすぐにわかった。父は、「これは書かせられた手紙だよ」ということを娘に知らせるために、機転をきかせて中国語で手紙を書いていた。

内容も「お前も早稲田大学を卒業したのだから（当時、大学院在学中）、病弱な私のために早く帰国しておくれ」という哀願調のものだった。

そして、「台湾も蔣介石総統の英明な政治の下、だいぶ進歩した。一度帰って来たらどうか」と書いてある。

これは間違いなく、特務が父に無理やり書かせたものだろう。ここでもし、肉親の泣き落としにほだされ、「お父さん、ご迷惑をおかけしております」などといった内容の返信を書けば、効果ありと判断され、父への圧力がさらにエスカレートする。少しの揺らぎでも付け込まれる。

そこで私は、同じ中国語で「お父さんはずっと分《ぶん》を守って生きてきたけれど、一体どれだけいいことがあった？　娘はもう成人して自分の道をしっかりと歩いています。お父さんの干渉は一切要りません」と、わざとやや厳しいくらいのトーンで送り返したのだ。

それ以降、父からの手紙はまたいつもの日本語に戻り、中国語の手紙が来ることは二度となかった。「うちの娘は、こんなじゃじゃ馬です。父親が言っても聞きもしない」と、父が「お手上げだ」という素振りを見せて、それで終わったのかもしれない。

巧妙な「泣き落とし戦術」

情に絡めた「泣き落とし戦術」は、海外にいる独立派への大きなプレッシャーとなる。

それは大きく分けて二つある。一つは親に泣かれるか、親が病気や危篤といったもの。そして、二つ目が、親が死んだ後の遺産相続である。

私たちの仲間も、父親や母親から電話が掛かってきたり、手紙が届いたりというのは当然のことのようにある。実際、二回三回と家族に泣かれ、情にほだされて帰国してしまう同志も大勢いた。「私は間違いました。二度とこういうことはしません」と一筆書く。

私は、肉親の危篤や死に直面して転向してしまう人たちを軽蔑するつもりは毛頭ない。それはじつに人間的なことであるからだ。

私の父は、一九六六年に心臓発作で倒れ、倒れた一週間後に息を引き取った。

私は臨終の場にも葬式にも立ち合っていない。親不孝をしたと思う。親戚や一族からは「半分は美齢に殺されたようなものだ」などと言われている。

私は、自分が親不孝をしている現実はわきまえている。しかし、何度生まれ変わっても、同じ選択をするだろう。それほど「台湾の独立」は、私にとって譲れない一線だった。これまでやってきた活動を、自分で全否定するようなことをしたら、それこそ一生の不幸だ。私は一番大事なことは迷わない。

自分が親になって初めて分かったことは、子供が幸せであることが、親にとっての最高の幸せであるということ。だから、いま私が幸せであることが、せめてもの父への償いだと思っている。

もし、私の二人の子供が、自分の信念を貫くために家を飛び出し、そのために私が一人死んでいくことになろうとも、当然、私はそれを甘受するだろう。

「母親一人の親孝行もできずに、何が台湾の人たちを救う、だ」

いまもわれわれの団体、台湾独立建国連盟の主席をやっているのは黄昭堂《こうしょうどう》だが、彼は、早くに父親を亡くし、母一人姉一人の三人家族だった。父親は地元の素封家《そほうか》だったが、当時、台湾から東大へ留学していた彼の元への送金は、困難なものだった。反政府活動をしている黄昭堂に送金などしたら、送金した人間の手が後ろに回ってしまう。

それでもいろいろな工夫をして、彼のお姉さんは送金をしていたようだ。普段は、国元からの送金がないために周りの人間から借金をして歩き、そして送金が届くと借金を返す、といったまさに自転車操業だったようだ。

彼の母親が亡くなったとき、国民党政府は葬式を許さなかった。「息子の黄昭堂が帰って来ないことには葬式はできない」という理由で許さなかった。政府はここまで干渉したのだが、これは要するに、彼を呼び返すための方便だった。

しかし、黄昭堂は、われわれ組織のリーダーである。当然帰れるわけがない。帰れば逮捕されるのが目に見えているから、絶対に帰らない。仲間を裏切るような真似はできない。

ある時、お姉さんの夫である義理のお兄さんが、わざわざ日本にまで帰国の説得に来た。そして、こう言った。

「母親一人の親孝行もできずに、何が台湾の人たちを救う、だ」

黄昭堂は、新橋から泣きながら自宅まで帰った。

この話を聞いたのはだいぶ後になってからだが、彼は、われわれにそのことをいっさい言わず、胸が張り裂けんばかりの思いにじっと堪えていた。

ブラックリストからの解除、そして、三十一年ぶりの帰国

私が最後に台湾に戻ったのは、一九六一年(昭和三十六年)、大学三年の夏休みだった。病弱な父を気遣っての帰省であり、独立運動のリーダー・黄昭堂に密使の役割を頼まれながらの帰国だったが、その時はこれほど台湾と「永いご無沙汰」になろうとは思っていなかった。

その後、本格的に台湾独立運動をするようになってからは、国民党政府の様々な悪辣な策謀と闘いながら、心の中で、もしかしたら、自分の両足で台湾の土を踏むことはできないかもしれないと諦めていた。

それから三十年、台湾にようやく自由化の波が押し寄せてきた。

李登輝総統が誕生してから四年後の一九九二年、われわれ独立派は、ブラックリストか

ら少しずつ解除され、再び台湾の土を踏めることとなった。
ブラックリストにはヒエラルキーがあって、罪のランクが下の者から解禁になっていく。私は、「あまり早く解禁されると運動家として恥ずかしい」などと思っていた。結果的にはＢランクで、「なんで私がＢランクなのよ」と、Ａランクでなかったことが不満だった。変なことにこだわっていた。

台北駐日経済文化代表処に出向いて手続きをすると、パスポートが本当に発行され、万感の思いがあった。李登輝総統のもと、たしかに台湾に自由化の波が押し寄せていたのだ。
私は、「いままで密入国したり独立運動をしたために、台湾で牢獄に入っているメンバーがたくさんいる。この人たちを支援するために、台湾に帰ろう」と呼びかけた。

その結果、台湾独立建国連盟の、年に一度の全世界の総会を、台湾で開くことになった。国民党政府のお膝元であり「敵の本陣」で独立運動の総会を開くということは、歴史的な一歩になることは間違いなかった。

これにはわれわれのリーダー、黄昭堂の存在は欠かせない。しかし、黄昭堂は、最後の最後まで入国を許されなかった。

長年、ともに闘い、ともに苦労をしたわれわれにも意地があった。そこで思案したのが、強行帰国計画だった。

それは、成田から、シンガポール航空で台北経由シンガポール行きの便に黄昭堂夫妻も乗り込み、台北に飛行機が着陸したときに、われわれと一緒に一気に降りてしまうというものだった。飛行機の外に出てしまえば、報道陣も集まっているだろうし、当局もむげには拒否できないだろう、という読みだった。

しかし、国民党政府のほうが一枚上手だった。黄昭堂帰国の報せは台湾に伝わっており、すでにシンガポール航空に、搭乗させないよう、要請が出ていたのだ。「黄昭堂を乗せるなら、台北には飛行機を着陸させない」と言われていたのだ。

結局、われわれと一緒に帰国できなかったのだが、「あなたが入国を許されて帰るとき、私も一緒に帰国する」と彼と約束を交わし、われわれは機上の人となった。

そして、三十一年ぶりの台湾は、われわれの帰国を大歓迎で受け入れてくれた。入国手続きを終えて、空港ロビーに出た途端、物凄い数の群集が笑顔で手を挙げて出迎えてくれたのだ。

李登輝氏の私邸に表敬訪問

親しい国会議員が何人も迎えにきてくれ、口々に「お帰りなさい」「おめでとう」と言ってくれた。ロビーも人であふれ、もみくちゃにされたが、まっさきに飛びついてきたのは、私が校長を務める日本語学校で教師をしていた青年だった。「金美齢」「台湾独立建国連盟」と書かれた派手な黄色い襷《たすき》をかけてくれた。

若い人も年寄りも、「あなたたちが帰ってきてくれて嬉しい」と声をかけてくれる。やっとのことで空港の玄関までくると、外は土砂降りの雨だった。目を凝らすと、白く雨で霞《かす》んだその先に、ずらりと車やバスが並んでいる。みんな私たちの帰国を待ってくれていた人たちだと聞いて、信じられない思いがした。

私は埋め尽くされた人の波を眺めながら、台湾独立のため、台湾では発言できないことを国外で発表して長らく帰国が許されなかった者たちへの、台湾人の溢れんばかりの労《ねぎら》いを、肌で感じていた。

黄昭堂はその後、一カ月ほど遅れて入国の許可が下り、台湾に帰国した。

立法院選挙にあわせて帰国したために、彼は帰国初日に民進党の応援演説を行い、その翌日に生まれ故郷である台南へ帰った。じつに三十四年ぶりの帰省だった。

台湾では、人が集まって何かをするとき、たいてい会場は廟《びょう》になる。彼が三十四年ぶりに帰って来たということで、親戚や地元の人たちが廟に集まってきた。

挨拶にたった彼は、「母親が本当にお世話になりました」とお礼を言った途端、ぐっと言葉に詰まり、号泣したのである。

黄昭堂という人は、本当に男らしい人物なのだ。これまで、彼が人前で泣いたのを誰も見たことはなかった。その彼が泣いたのだ。彼の人生は、そういう人生だった。その場にいた私も、泣かずにはいられなかった。

李登輝が語った「台湾人に生まれた悲哀」の意味

一九八八年一月、蔣経国総統の死去を受けて李登輝が初めて台湾人の総統となった。私や周英明が独立運動に関わるようになってから二十七年が経っていた。李登輝総統は国民党の主席でありながら、巧みに台湾政治の民主化、自由化をはかり、同時に本土化（台湾化）を進めていった。大陸との交流も次第に拡大したが、中国共産党の「一つの中国」の呼びかけには応じず、中国が武力行使を放棄しないかぎり、「交渉しない、談判しない、妥協しない」の三不政策を堅持し、経済成長を背景に「弾性外交」「二重承認」政策を進めた。

この頃、司馬遼太郎が『街道をゆく』の取材で台湾に出かけて行き、李登輝総統と〝歴史的な対談〟をした。司馬遼太郎は台湾各地を旅し、李登輝だけでなく蔡焜燦《さいこんさん》や多くの台湾人と会うことで、それまで埋もれていた台湾人と日本人の関係を改めて発掘してくれた。

司馬遼太郎との対談の中で、李登輝総統の〝本音〟がはっきり読み取れたことも、それまで海外で独立運動にかかわってきた台湾人にとっては格別のことだった。

李登輝は「台湾人に生まれた悲哀」と『出エジプト記』の二つを司馬遼太郎に語ったが、私たちは何年も前から台湾人に生まれるというのはこんなに悲しいことなのか、という言い方をよくしていた。

戦後、アジア・アフリカ諸国が次々と独立していく中、中華民国という頸木《くびき》に囚われたままの台湾の運命を憤り、嘆き、自ら嘲《あざけ》るような深層心理で、私たちの世代の台湾人に共通する秘められた基調音のようなものが、「悲哀」という言葉で表現された。

それが台湾総統であり、国民党主席でもある李登輝の口から飛び出したので正直驚いた。李登輝は、自分は決して権力者(外省人)の側に立っているのではなく、台湾人に生まれた悲しみを大衆と共有するものだと、本当の気持を伝えるシグナルをみなに送ったのだと気づいたのである。

私が最も感激したのは『出エジプト記』を持ち出した李登輝の心情だった。李登輝は、米コーネル大学への留学経験もあり、海外の台湾人のセンチメントを知りすぎるくらいよく知っている。彼らが同郷会などに参集するとき、好んで歌う合唱曲がベルディのオペラ『ナブッコ』の中の「行け/わが心/黄金の翼に乗って」というコーラスである。何度歌ってもみんな落涙してしまう。

ナブッコは、英語ではネブカドネザルと呼ばれる古代バビロンの暴君だ。これがイスラエルの土地から約一万五千人のユダヤ人をバビロンに連れてきて奴隷として使役する。ユダヤ人の虜囚《りょしゅう》たちは外国での囚われの身を嘆き、遠い故郷を懐かしんで歌うのがこの合唱で、海外の独立派台湾人たちはこれを世界中で歌っていた。古代ユダヤ人虜囚に自分たちの運命を重ね合わせたのである。

『出エジプト記』は、ファラオの圧政の下で虐待されるユダヤ人をモーゼがエジプトから連れ出して、シナイ半島を百年近くさまよう物語である。そしてついに約束された蜜と乳のあふれる土地にたどりつく。それがいまのイスラエルの土地だという話なのだが、自分たちをそのユダヤ人になぞらえる感覚が李登輝にはあった。

だから一九九六年の初の民選による総統選挙で、私は台湾独立派でありながら、国民党候補だった李登輝の支持を表明した。民進党から独立運動の老闘士、彭明敏《ほうめいびん》元台湾大学教授が出馬しているにもかかわらず、である。

私は、国民党主席であっても李登輝の本心は「台湾独立」にあると見ていた。独立派の同志からは「裏切り者」と呼ばれることもあったが、民主化、自由化を進めながら、軍事的恫喝を繰り返す中国と対峙するためには、誰が指導者でなければならないかを考え抜いた結果だった。

「李登輝に力を与えなければ」と私は思ったのである。選挙による「民意」という力だ。結果として李登輝が全得票の五四パーセントを獲得し、彭明敏の二一パーセントと合わせて七五パーセントの台湾人が「独立」ないし「自立」をめざしていることが鮮明になった。

李登輝総裁は選挙に勝利しての就任式直前、ニューズウィークの記者に問われて、「私は人々が民主主義と自由を手にするのを見たかった。ちょうどモーゼがユダヤ人を率いてエジプトを脱出したように」と語った。

第3章 台湾独立運動に身を投じた五十年

「金美齢は天才だ」

台湾には、戦後、一斉に中国語が入ってきた。大きな変わり目、ゼロからのスタートという状況にめっぽう強い私は、好スタートを切ることになった。

私は、台湾きっての女子名門校・台北第一女子高級中学校に合格した。いまもナンバーワンの名門校である。

いち早く大陸から中国人の教師がやってきて、学校からは台湾語が追放された。しかし、いきなり中国語の教育が始まったのだから、授業を受ける生徒のほうは、ちんぷんかんぷんで、教師が何を話しているのかわからず、ただ「ボーッ」と聞いているだけである。

その日の歴史の授業も、女性教師が話し続けるのだが、生徒たちはいつものように、ただポカンと見つめているだけだった。

あるところで、その教師が「トーン、プトーン？」と言った。

その瞬間、私は持ち前の反射神経を生かして、とっさに「プトーン」と答えた。

教師は、「わかったの？ わからないの？」とわれわれに聞いたのだ。中国では、わかったが「トーン（懂）」、わからないが上に不をつけて「プトーン（不懂）」で、このような言葉の使い方は中国語では非常にポピュラーに見られるものだ。

私は、「話の区切りにたずねているのだから、きっと、わかったのか、わからないのかを聞いているのだろうと思い、わからないのだから、否定の不がついたほうを言えばいいだろう」と察しをつけた。

これまで無反応だった生徒から、初めて反応が返ってきた。たとえそれが「わからない」という答えであっても、教師にとってはうれしかったのだろう。

予期していなかった反応への喜びを、その女性教師は、黒板に「金美齢は天才だ」と大書して表現していた。

とにかく、台湾人教師たちも、夜勉強会で中国語を学び、翌日、学校で生徒にそのままのものを教えたり、台湾語の発音で漢文を教えるなどという状況だった。

新たな支配者の国民党政府がもっとも嫌ったのは、台湾人が日本に対してノスタルジーを抱くことだった。そのために神経を使ったのは日本語の放逐だった。

台北第一女子高級中学校正門前

公の場では、日本語はもちろんのこと台湾語もご法度。ラジオ放送に続いて六〇年代にはテレビ放送も始まったが、日本語は全面禁止、台湾語も厳しい制限が加えられたのである。

私は生まれつき耳がいいため

に語学に強かった。在学中、英語のスピーチコンテストでは優勝した経験もあった。語学に関しては、幸いにも、その後、人に負けないレベルにまで到達することができ、中国語も英語も自由に駆使することができるようになった。

「プトーン」たった一言で天才と言われる「端境期」は、ある意味では貴重な経験であった。

超進学校の劣等生

しかし、私は勉強においては、まったくもって劣等生と言えた。

私のいた女子校は、男子トップ校と、毎年台湾大学の進学で争っているくらいだったから、当然、まわりの学友の受験勉強熱もエリート意識も高い。

校長先生が、「あなたたちは選ばれて当校に入学してきたエリートだ。将来は、天秤をかつぐように一つの肩で二つの荷物をかつぎなさい」と言っていたのを思い出す。

つまり、家庭も職業も両立させよという校訓である。

そんな環境の中で、私は、受験勉強に熱を入れない生徒になってしまった。

高校を卒業したその日、早速パーマ。右は妹の満里

私は数学などで数回、落第点をとったこともあるくらいだ。ただ、気が向いて少し真剣に勉強すると、試験でいい点数を取ったりもした。にもかかわらず、他の学友のように、毎日、毎日、勉強に明け暮れるような生活は、

とても私には耐えられなかった。私は、自分の好きな本ばかりを読み漁《あさ》っていた。

私を見て、先生は、「金はやればできるのに何故勉強しない」と、勉強に身を入れようとしない私にイライラしていた。

そんな私なので、超進学校にいながら大学を受験しなかった。大学に進学しなかったのは、卒業生の中で二人いた。一人が私で、もう一人は、「女の子は大学などに進学する必要はない」という非常に古い考えの家の子だった。

当時の私には、「そんなに勉強してどうするの？　何が楽しいの？」という感覚があった。コツコツ勉強するのが私の性に合わなかったし、厳しい校則に縛られる生活にウンザリしていた。だから、「どうぜ大学も同じような窮屈な世界なんだろうな」と、漠然と思っていた。

しかしその後、私は早稲田大学文学部の英文科に留学をし、それから十年にもわたって「学生」でいることになる。学士が四年、修士が三年、博士がまた三年と、計十年もいた。

受験勉強は嫌だったが、好きなこと、興味があることを勉強するのは楽しかった。もちろん、苦労もあったが。それに早稲田大学のキャンパスが気に入った。私が留学した昭和三十年代の早稲田大学というのは、学生のエネルギーに溢れ、自由を謳歌《おうか》する雰囲気に満ちていた。じつに楽しい日々だった。

日本への留学を決意

自信のあった英語を生かそうと、高校を卒業してからの私は国際学舎というところに勤めはじめた。私は、館長の抜擢もあり、館長秘書となった。

その国際学舎には、海外から大使、学者、文化人、財界人など、多種多様な人たちの来客が多く、国際的でアカデミックな知的サロンの雰囲気があった。

そうした環境の中で仕事をしていると、次第に、自分に足りないものを感じはじめた。「館長秘書」としての仕事は過不足なくこなしているが、訪問してくる人たちと渡り合うには、自分の力不足を認めざるをえなかったのである。

私は、国際学舎に採用されたとき、大卒の人たちと同じ条件で試験を受け、採用された。だから、それなりの自負もあった。しかし、そういうことではないと自覚した。自分が大学で四年間学べば、いまよりもっともっと伸びることができると思った。

国際学舎に長逗留していた東洋学専門のアメリカ人教授から、「あなたは英語も日本語も中国語もできる。ぜひ僕の助手として来て欲しい」と誘われた。

しかしアメリカの大学では、教授の助手になるためには、大学を卒業しているのが条件だった。私には資格がない。それを伝えると、「それは残念だ。けれど、あなたが資格を得たら、いつでも採用するよ」と言ってくれた。

このときほど大学にいかなかったことを後悔したことはない。

「大学に入って勉強をしたい」

大学で勉強することの大事を身に沁みて感じたのである。

私にとって、国際学舎での仕事は、私に大学行きの目を開かせてくれた貴重な経験だった。

その同じ頃、私の高校時代の親友が、台湾大学の英文科を卒業し、母校に英語の教師として帰ってきていた。「やはり人間は勉強をして、能力を磨かなくてはダメだ」。

私は、留学の決心を固めた。二十五歳の年だった。

留学を応援してくれた三人の日本人青年

留学を決心した頃というのは、政治に特段の興味はなく、台湾の現状を変革しようなどという意識は希薄だった。もちろん、台湾人が二等国民扱いされていることや、蔣介石の独裁国家になって中国人の植民地にされていることなど、そうしたことに対する漠然とした憤懣はあった。

前章でも触れたが、台湾人の留学先はアメリカが断然多かった。私もアメリカに行きたかった。アメリカの大学でジャーナリズムを専攻し、その関連の仕事に就いて独立したいと思っていた。そのために、まず日本で本格的に英語を学んでからアメリカに渡るプランを考えていた。

しかし、鎖国状態の台湾から、外国に留学するとしても、留学試験を受けるには、短大以上の学歴が必要だった。

「何か勉強をやり直す道はないだろうか」と考えあぐねていたときに、国際学舎に住む三人の日本人留学生が、私に救いの手を差し伸べてくれた。

一人は、父親が会社の経営者であったため、その会社で私を招聘《しょうへい》する書類を手配してくれた。もう一人は母校の早稲田大学を紹介してくれ、もう一人は日本でのいろいろな手続きの手伝いをしてくれた。

この三人の心優しき留学生の一人、安田延之についてここで触れたい。

彼は、「自分の両親が東京で会社を経営しているから、そこに雇われることにしたらいい。招聘状を出してくれるように、自分が両親に頼んでおくから」と約束してくれたのだった。忘れもしない、一九五八年（昭和三十三年）の夏のことである。

この年の八月二十三日、国民党軍が大陸反攻の軍事拠点としていた金門島に、中国共産党軍は対岸から砲撃を仕掛け、国民党軍が応戦し、二カ月にわたり砲撃戦が続いた。いわゆる金門島砲撃戦である。

国共内戦再開かと世界中が注視するなかで、ジャーナリスト志望だった安田は、読売新聞の委嘱《いしょく》を受けて、臨時特派員として砲弾飛び交う金門島へと向かった。彼を含めたジャーナリスト一行が、軍艦から上陸用舟艇に乗り換えて、金門島に接近しようとした瞬間、

日本留学へ、ボーイフレンドの見送り

狭い艇内に先陣を争うジャーナリストたちがひしめいていたため、上陸用舟艇は転覆した。海に投げ出された安田は、二十三歳にして帰らぬ人となってしまった。

安田は、育ちの良さが全身から溢れ出てくるような、善意の塊のような人だった。このニュースは、世界中を駆けめぐったが、私はショックのあまり、数日間呆然自失の状態だった。親しくしていた身近な存在が突然、亡くなってしまっただけでなく、留学の道も絶たれてしまったのである。

しばらくしてから、彼のお母様が、関係者への挨拶のため東京から台湾に来られた。その時、「息子との約束を、私たちにかなえさせてください」と、思いがけない言葉をかけて下さった。なんという優しい心遣いだろうか、私には感謝の言葉も見つからなかった。

こうして、多くの人に助けられ、私は早稲田大学第一文学部への留学を果たすことになる。翌年の一九五九年（昭和三十四年）のことだった。

前章で述べたように、夫の周英明は、それから二年後の一九六一年に来日する。私たちは、日本で出合って、一九六四年（昭和三十九年）に結婚した。

入学許可証が出ているのに、「試験があります」

来日した一九五九年三月十八日、早稲田大学に入学手続きにいくと、「三月二十四日と二十五日が、留学生の入学試験日です」と言われた。

入学許可証も就学ビザも出ているのだから、当然、入学できるものと思っていたので、「試験があります」と言われて、唖然として言葉が出なかった。

しかし、試験自体は留学生枠で、裏口とは言わないけれど、〝横口〟入学のようなものだから、留学生同士の競争になると思った。

一日目は日本語の学力試験。これはすべての留学生に共通の試験で、日本語のレベルが試される。二日目は希望する学部ごとに分かれて受けるため、それぞれで科目が異なる。最後に面接があった。

ちなみに、二十人ほどいた台湾人留学生のほとんどが、商学部を希望していた。どうしてだろうと思っていると、理由はなんと「商学部は留学生を全員合格させる」からだった。商学部の学部長が、「早稲田は地球の上にある」というスローガンを掲げていて、留学生は全員合格させていた。試験は形式だけのものだったのである。

事前の情報収集ができていなかった私は、「しまった！」と思ったが、後の祭りだった。私が希望していた文学部を受験した留学生は七人。私を含めて二人が台湾人だった。日本人受験者が文学部で受ける試験と同じ試験で、三科目を受けることになった。国語、世界史、英語の三科目である。たとえ留学生相手であっても日本人と同じ試験を課すというのが、文学部長だった谷崎精二（谷崎潤一郎の弟）の方針だったという。

結果的に、文学部を受験した七人の中で、私だけが合格することができた。おそらく、全員を不合格にするのも体裁が悪いために、一人ぐらいはと合格にしたのだろう。

このときのことを思い返すと、いまでも冷や汗がでてくる。もしこの時試験に落ちていたならば、私の人生はまるきり変わっていただろう。

これはもう運命的な出来事だった

来日した一九五九年（昭和三十四年）の日本は、学生運動が熱狂の直中《ただなか》にあった。私は、若者がこれほど自由に政治的な発言ができることに大きな衝撃を受けた。当時の台湾の状況からは想像すらできなかったからだ。特に、早稲田大学文学部は安保闘争のメッカでもあった。台湾からきたノンポリ娘が、いきなり政治的狂乱の中へ放り込まれたようなもので、日本の学生たちの自由がまぶしく、私の心は激しく揺さぶられた。

来日してからちょうど一年が経った一九六〇年（昭和三十五年）の春休みを迎えた時、台湾青年社というところから、私あてに、『台湾青年』という一冊の雑誌が届いた。

私は、その日、台湾にいた時に論文作成の手伝いをしたことのあるユダヤ系アメリカ人マーク・マンコールと会食の約束をしていた。彼は、台湾留学を終え、当時は日本で奨学生として研究をしている学者の卵だった。

私は、創刊号となるその雑誌をもって、予約してあった美容院に向かった。髪をセットしている間、その雑誌を読んだのだが、私は、心の底から驚いた。

まず、この雑誌のレベルの高さに驚いた。発行人の「王育徳」以外、執筆者全員がペンネームで、彼らの詳細は明らかになっていないが、台湾独立を信じている人たちで、その主体は留学生であると思われた。

そして、次に驚いたのは、これほどみんなが怖れおののいている台湾の政治や社会の問題点をはっきりと指摘する勇気のある人たちがいることだった。

私は興奮していた。

飯田橋でマークと落ち合い、タクシーに乗りこんだ。タクシーが動くやいなや、彼が聞いてきた。

「『台湾青年』という雑誌、知っている？」

これはもう運命的としかいいようのない展開だった。

「今日、受け取って読んだところ」

「どう思う？」

「ものすごく感動した！　素晴らしいわ。こんな人たちがいるなんて。勇気があるし、すごく能力がある。留学生でこれだけの学識があって、文章力もあるし、びっくりしたわ」とまくし立てた。

彼は続けて、「この人たちに会いたいかい？」と聞いてきた。

私は、事の成り行きに驚きながらも、勢いで「会いたい。会いたい」と答えてしまった。マークは、「それじゃ、今度、紹介するよ」と言った。

『台湾青年』の執筆者が全員ペンネームなのは、日本にいる国民党のスパイに神経を尖《とが》らせているからだ。だから、マークが私を彼らに紹介するということは、私がスパイではない、という確信がなくてはできないことなのである。彼の確信というのは、「ものすごく感動した！」と言った、私のその一言であった。

彼がなぜ『台湾青年』の存在を知っていたのかは分からない。しかし、ことが動き始めるときというのは、こうした不思議な要素が絡まり合うものなのかもしれない。

黄昭堂との出会い

私が『台湾青年』の内容に本当に感動し共感していることを見て取ったのか、マークはすぐに、台湾青年社の幹部である黄昭堂に連絡をとってくれた。

「金美齢という女の子が会いたがっている。紹介したいのだがどうか？」

しかし、黄昭堂は、「自分から近寄ってくるようなヤツは、大抵、スパイだ。しかも女か。ろくなヤツじゃないな」と冷たく言い放った。

当時、台湾では、政府批判や独立運動をしようものなら、投獄、死刑は当たり前のことだった。黄昭堂の警戒も当然であった。

それでもマークは引かなかった。「僕が保証する。彼女はスパイじゃない」と言い切った。

黄昭堂も、彼がそこまで言うのなら、と、後日、マークのアパートで会うことになった。

「そんな活動家と会って、大丈夫だろうか」という不安はあった。しかし、台湾留学生で、

早稲田大学3年生の夏

こんなに勇気と知性のある人たちに一度会ってみたい、という好奇心のほうが勝ってしまった。

　マークは結構な奨学金をもらっていたようで、留学生にしては十分すぎるスペースのアパートに住んでいた。私とマーク、そして黄昭堂と発行人であった王育徳、この四人で会った。

　話を始めてしばらくしても、黄昭堂は相変わらず、「この女、スパイじゃないか」という疑いの目を私に向けていた。

　ところが、リーダーの王育徳は、私が英文科と聞いてトーンが少し変わってきた。

「君は英文科なのか。僕は英語が話せないから、欧米人と会うときは、通訳をやってください」と言った。

今度は私が怯《ひる》んだ。『台湾青年』に感動して、関係者に会いたいとは思ったが、一緒に活動する覚悟まではできていなかった。私はどちらかといえば直情径行型で何事にもすぐ突っ走るタイプではあったが、あれほど台湾で弾圧されている活動なのだ、快諾できるほど簡単なことではなかった。

しかし、私の性分である〝突っ張り〟がここでも出てしまった。「いや、困ります」とは口が裂けても言えなかった。

こうして私の台湾独立運動への関わりの第一歩が始まった。

「あれは特務四天王の一人だ」

語学が得意で、日本語、中国語、英語を自由に操れる私にとって、格好のアルバイトは通訳だった。

大隈講堂前、この写真を周英明氏はずっと財布の中に入れていた。しわだらけなのはそのせい

最初に駐日中華民国大使館から頼まれた仕事は、大陸中国をテーマとするシンポジウム出席者二人の講演の通訳だった。中国語から日本語への通訳だが、内容がハイレベルになるため、通訳も厳選しなければならなかった。

通訳の仕事は初めての私と、大使館の仕事を長年こなしてきた男性通訳と、それでも不安だったのか、NHKで中国語を専門に翻訳している人が後ろに控えていた。

初日は、私が通訳に立った。始まってしばらくしてから、控えていたNHKの専門家は、「これは安心だから帰ります」と帰ってしまった。翌日になると、もう一人の男性通訳も「風邪をひいた」と言って、出てこなかった。結局、二人の講演を、二日間、私一人で通訳した。これで私の通訳の評判は俄然、高まり、大使館では「通訳は金美齢」となってしまった。

私は、政経分離、まともな経済行為ならば、駐日中華民国大使館でも何でも通訳のアルバイトをする、という姿勢を貫き、通訳料金は一日二千円と決めていた。

当時、OLの月給が八千円の時代だった。大使館でも、通訳の学生アルバイトは一日千五百円と相場が決まっていたが、私の強硬な姿勢に、大使館のほうが折れて落着した。

大使館には、私は「仕事はできるけれど、カネ、カネという子だなあ」と映っただろう。また、留学生の間では、私は目立っていて、「あれは特務四天王の一人だ」と目されていた。

私は、『台湾青年』に共感する独立運動のシンパだったし、特務は事実無根のレッテル張りだったが、いつも大使館の催しがある度に司会や通訳をしていれば、「大使館寄り」と見られても仕方がなかった。

「台湾に帰ったら、郭雨新に秘密の伝言を届けてくれ」

留学三年目の夏休み、病弱な父の容態が気になって、私は帰省の準備を進めていた。その情報を誰かから入手したのだろう、『台湾青年』の黄昭堂が私に会いたいと連絡してきた。私たちはお茶の水の小さなバーで待ち合わせをした。カクテルを注文した彼はこう切り出した。

「頼みたいことがある。台湾に帰ったら、郭雨新《かくうしん》に秘密の伝言を届けてくれ」と。

郭雨新は、台湾でただ一人の無党派(反体制派の別称)国会議員であり、民衆の人気ナンバーワンという、大物政治家だった。

それまで、表立って独立派の活動をしたことのなかった私に、いきなり密使の大役だった。台湾での郭雨新の周辺は、常に特務機関の目が光っている。正直、怖かった。しばらく私は考え込んだ。これを引き受けてばれたら、ただではすまない。親にも迷惑をかけることになる。

しかし、ここでも、またもや〝突っ張り〟が出てしまった。「いいわよ」と言ってしまったのだ。黄昭堂たちがこれまで頑張って歩んできた道程、私自身の台湾独立の夢、そして台湾の人たちの受難を考えたとき、「いや」と言ったら「女がすたる」と思った。

書いたものは危険だからと、問題の伝言を暗記したが、内容はまったく理解のできないトンチンカンなものだった（暗号だった）。

台湾に帰省してから、私は密使の任務をどう果たそうかと頭がいっぱいで、なかなか行動に移せなかった。

ちょうどその時、国民党情報部の大臣クラスの知り合いから、台湾を訪問中の岸信介元首相と政府首脳の通訳を頼まれた。彼が訪日した際、通訳を務めたのを買われてのことであった。

私は、岸元首相から「きれいな日本語ですね」というお褒めの言葉を頂戴し、首尾よくその仕事をつとめた上で、その国民党幹部に頼みごとをした。

「帰りの飛行機の切符代を節約したいので、できたら軍艦に乗せて欲しいんですが」と思い切って言ってみた。

彼は二つ返事で引き受けてくれた。電話一本で、私の軍艦便乗が決まった。

その頃、夏休みのたびに国民党政府は、軍艦を使って、留学生を送り迎えしながら、挨拶回りをさせたり、軍隊を慰問させたりして、体制を支持している若者がこれだけたくさんいるということを内外にアピールしていた。

軍艦に乗って日本に帰る前日になって、私は、ようやく郭雨新に電話をした。

彼の娘は、日本の武蔵野音楽大学へ留学中であり、私とも知り合いだったため、「私はお嬢さんの友人ですが、お嬢さんからの言付けがあります。会っていただけませんか?」と言って、面会の約束を取り付け、黄昭堂の伝言を伝えた。

国民党政府の軍艦で日本へ戻る

日本に帰る直前まで動かなかったのは、万が一、密使としての行動が発覚しても、翌日は台湾を離れるし、特務機関も海軍には手を出せないだろうという計算があったからだ。

大任をはたして、「やれやれ」と思っていたところ、今度は、郭雨新から「これを日本に持ちかえって、黄昭堂に渡して欲しい」と依頼されてしまった。

一枚や二枚の資料ならまだいいが、小さなダンボール一箱分はあった。雑誌や新聞に発表した彼の論文や反体制に関する資料なのだ。

今度もまた、私は断れずに引き受けてしまったが、郭雨新の家を出て、一人になってから、資料の取り扱いに困ってしまった。

「軍艦では、人の荷物の中身までいちいち点検しないだろう」とは思ったが、万が一に備えて何か万全の策を講じておかなければならなかった。そこで、預かった資料を、全部、台湾から日本に持ってかえる土産物の包装紙にすることにした。資料は全部、雑誌や新聞などの印刷物だったので、包装紙にしてもおかしくはなかった。

何も知らない父は、港まで見送りに来てくれた。これから日本に帰って独立運動をするようになれば、もう台湾への帰省はかなわなくなる。これが父とは、今生《こんじょう》の別れになるだろうと思うと、胸が締め付けられるような思いだった。

しかし跳ねっ返りの私は、おくびにも出さずに、「お父さん、倒れたら私困るからね。何があってもすぐには帰れないんだから」と、少し邪険な言い方しかできなかった。それが

台湾稲門会の新入生歓迎パーティにて

面と向かって交わした父娘の最後の会話になった。

案の定、基隆から出発した軍艦では、手荷物の検査などまったく行われなかった。

日本に帰国した私は、それらの資料をまたきれいに綴じなおし、黄昭堂には「台湾から帰って来ました。お土産がありますから、お会いしたい」と葉書を出した。

再びまたお茶の水のバーで落ち会い、伝言を本人に直接伝えたことを報告し、預かった資料と台湾からのお土産を渡した。

すると黄昭堂は、「あなたが本当にやってくれるとは思わなかった。怖くなって『できなかった』と報告があると思っていた」と言った。

私は「女だと思ってバカにして」と思いながらも、大役をやってのけた誇らしさを感じていた。後から知ったことだが、私が「密使第一号」だった。

『台湾青年』は独立運動の旗印

日本人には想像もできないことだろうが、当時の台湾で政府批判や独立運動をすれば、逮捕、拘禁され、死刑か運がよくても十年ぐらいの懲役刑が宣告された。それが当たり前の社会だった。とにかく言論の自由はまったくなく、政治活動など認められていない社会であった。

蔣介石政権下の台湾というのは、国民党による完全な一党独裁支配だった。蔣経国の時代になり、その鉄の支配が少しは緩やかになったものの、李登輝が出てくるまで、暗黒の時代が続いていたと言っても過言ではない。

『台湾青年』などという誌名の雑誌を台湾国内で発行することなど到底あり得ない。「台湾」と名前をつけることが、反体制・独立を意味するからだ。だから、たとえ日本国内とはいえ、台湾人留学生にとって、『台湾青年』に関わることは並大抵のことではなかった。『台湾青年』が手元に届いても、指紋がつかないよう箸でつまんで捨てたという、笑い話のようなエピソードも残っている。日本にいて何をそれほど怖れるのか、と思うかもしれないが、それぐらいの恐怖心を台湾人は植え付けられていたし、すでに述べた通り、実際、国民党のスパイは日本国内で彼らの動きを監視していた。

私たちの台湾独立運動、その主体は、「言論」である。

自由や民主化を切望しながら、言論の自由が認められていない台湾人に代わって、台湾国内の圧政や人権問題等、そして、独立派政治家の応援を訴えるのだ。

たとえば、台湾から大物政治家が秘密裏に亡命したという場合、国際社会が注目するよ

大物政治家の亡命、台湾独立建国連盟の記者会見で通訳を務める。右は、リチャード・クー氏の父君

うに、アメリカや日本で同時記者会見を行い、メディアにアピールする。

そうしたときにも絶対に必要となってくるのが、機関紙『台湾青年』である。『台湾青年』に込めたわれわれの思いが、なかなか多くの人に広まらない、届かないという現実はあった。しかし、『台湾青年』を発行し続け、逮捕され監獄にいる台湾独立派の存在を世界中に知らしめ、彼らの死刑を免れる、といった活動を続けていくうちに、台湾はそれでも少しずつ変化をしていった。

台湾の中で独立活動に目覚めた人々が野党を作ったり、留学生の力が台湾国内に持ち込まれたり、一つひとつの小さな活動の積み重ねと一人ひとりの小さな意識の変化が、台湾の民主化への道を切り拓いていったと言えるだろう。

この流れは台湾政治の民主化、自由化、本土化を進めた李登輝の総統就任に結実していったのだが……。

強制送還の恐怖が消えたとき

強制送還の恐怖は、常に身近にあった。しかし、それを毎日恐れていたら、それこそ、頭がおかしくなってしまう。

日本に留学して六年目の一九六四年（昭和三十九年）に周英明と結婚したが、以後、私たち夫婦は「万が一」にそなえて、遺書を準備し、死に方を考え、子供の養子先を考えた。最悪の事態を想定し、その対応策を考えておけば、いらぬ心配はなくなる。

「大切なのは、たとえ地球が明日滅びるとも、リンゴの木を植えることだ」という東欧の詩人ゲオルグの言葉があるが、そんな心境だった。

だから、周は毎日研究室に通っていたし、私は母親としても、学生としても、政治運動者としても、すべてに一所懸命取り組んだ。

私は人生に対して欲張りで、どんな時でも意欲的に生きていきたかった。

われわれが「もう強制送還されることはないだろうな」と思えるようになったのは、周が東京理科大学に就職をした一九六八年あたりからだ。

非常勤講師ではあったが、安定した職業である大学の教師という立場を得たことで、いよいよ私たちを強制送還する理由は低くなった。

独立派の旗幟《きし》を鮮明にした周は、一九六四年にパスポートを没収されたが、法務大臣の特別在留許可制度が適用された。それは就職後も変わりはなかったが、学生の立場と大学の教師の立場では、入国管理局の信用度も違ってくる。

さらに幸いなことに、通常、大学の非常勤講師はいつまで経っても非常勤講師の身分のまま置かれることが多いのに、周の所属する学科の主任教授や学部長が動いてくださり、周は二年目から常勤の助教授に昇格することができた。一年間一所懸命働いた彼の姿を見ていて下さったのだろう。

その後、一九八二年には外国人に関する法律改正があり、問題行動のない外国人に対しては永住資格が与えられることとなった。

周がパスポートを没収されるのを間近で見ていた私は、自分自身のパスポートが更新時期を迎えたとき、大使館に更新に行くのをやめた。ブラックリストに載った夫婦の、夫のほうがパスポートを没収されて、妻だけが更新されるはずはなかった。私は、パスポートの期限切れを待って、ビリッと破ってゴミ箱に捨てていた。

周はパスポートを剝奪《はくだつ》されてから十八年目、私はパスポートを破り捨ててから十七年目、恒常的に日本に滞在できる資格を得ることができたのである。

永住資格を取得したことで、夫の大学における待遇も嘱託職員から正規職員となり、教授に昇進することができた。そして定年退職するまで、東京理科大学に勤務することになった。

夫婦二人で苦労を分け合ってきたから、頑張ってこれた

五十年間、独立運動に身をささげてきたが、「何故こんな大変な道を選ばなくてはならないのか」と思うこともあった。「もう疲れた」「日本人になってしまおうか」、そんな揺らぎや迷いが出てきたこともある。

パスポートがないまま日本に滞在し、下手をすると強制送還されるかもしれない状況のなかで、学生結婚して子供二人をもうけるなんて、これはよほどのバカか、よほど勇気がなくてはできることではない。

しかし、繰り返すが、私は〝突っ張り〟なのだ。敵に後ろを見せるのが大嫌い。何か迷いがあったときにも、楽なほうに行くのは気性として許せない。

長い活動生活の中で、多くの同志が転向していく姿を見てきた。活動している男性は、奥さんから泣かれる。「パスポートを取り上げられ、故郷台湾に帰れない。何故、私たちがこんな辛い目に遭わねばならないのか」と。妻の涙には勝てない。ポロポロと多くの同志が抜けていった。もちろん、妻が夫に共鳴し、自らも活動に参加するという逆のケースもあった。

私たち夫婦は幸いにも、同じ政治理念をもち、同じ価値観を共有することができたからこそ、揺るぎがなかった。夫婦二人で苦労を分け合ってきた。
周は電子工学、私は語学と、二人とも生きる術を備えていたため、運動をやりながらも個人の生活を維持することができた。パスポートなどなくても、日本で十分に生きて行く自信と覚悟があった。

十二歳まで日本人だった夫

夫の周英明は、私より半年ほど早い一九三三年（昭和八年）七月、当時の福岡県八幡市（現北九州市）で生まれた。鉄道省の技師だった彼の父親は、わずか十一歳で日本へやってきて以後、日本で教育を受け、結婚して家庭を築き、子供たちも日本で教育していた。十人兄妹の八番目に生まれた周は、ほぼ日本人として育っている。英明も幼い頃は「ひであき」と呼ばれていた。母語は日本語である。

終戦によって翌年、周一家は台湾に引き揚げた。父親が台湾第二の都市・高雄で台湾国鉄の技師の職を得ることができたので、一家は高雄の鉄道官舎に落ち着くことができた。

前章で触れたが、周はこの街で高雄中学に進学するが、そこで「二・二八事件」の住民処刑現場に遭遇する。少年の目に焼きつけられた凄惨な光景は、その後、周に、「中国的なもの」への強烈な反感、嫌悪を抱かせることになった。

中国的なものを否定したとき、自分には何が残っているか。それが周にとって台湾人とは何かを問う契機にもなった。そして、周英明の体の中には、紛《まぎ》れもなく「日本」があった。

同世代とはいえ、台北生まれ台北育ちの私と、日本生まれ高雄育ちの周が、留学先の東京で出会い、結ばれたのは運命としか言いようがないが、二人の絆の根底にあったのは、「台湾を台湾人の手に」という政治的理念と、お互いが少年少女期を過ごした日本時代（ベルエポック）に滲《し》みこんだ日本精神、日本語という共通点だった。

一方で、日本から引き揚げてきた一家を受け入れてくれた台湾に、周は、強い恩義を感じていた。

半飢餓状態で着いた基隆港で、お金も払った覚えもないのに温かい団子汁をご馳走してくれた台湾人、引き揚げた当初、住む家もなかった一家の世話をしてくれた台湾人、奨学金で中・高・大と学校へ行く機会を与えてくれた台湾。彼は「台湾に救われ、育てられた」

といつも言っていた。

独立運動も勉強も生活も

東京大学大学院博士課程にいた周が、ドクターを取るために勉強していた頃、台湾人留学生からこんなことを言われた。

「独立運動をやっているのに、なぜドクターなど取る必要があるのか」と批判をされたのだ。独立運動をやるなら、独立運動だけに専念すればいい、ということだった。

それを聞いて、私は、こう啖呵《たんか》をきった。

「何をバカなこと言っているの。独立運動も勉強も生活もままならない人間が、何をやっているのよ。私たちは、独立運動も勉強も生活も、みんな手を抜かずに一所懸命やっているのよ」

一九六〇年代当時、夫は東大で工学博士を取ったにも関わらず、外国人を雇った先例がないということで、なかなか就職が決まらなかった。学問だけでは、生活には何の役にも立たない。学問を究めた上で、それをどう生活につなげていくか、それには個々人の努力が求められるのは当然のことだろう。

私たち夫婦は、当時の平均的な留学生よりはいい暮らしができていた。学生として勉学に励みながら、家庭教師や通訳・翻訳のアルバイトを必死にやっていたからだ。そして、その一部を独立運動の資金に回していた。

「お兄さん夫婦は結婚式に呼ばなくていい」

私たち夫婦のように独立運動に関わっている人間には、恐がって寄り付かなくなる台湾人もたくさんいた。

周の家族もその例外ではなかった。

周は、日本で行われた実の妹の結婚式にも出ていない。「妹の婿に迷惑をかけられないから、お兄さん夫婦は結婚式に呼ばなくていい」と周の母親が言った。

独立運動に関わっている人間には、肉親であっても寄り付かなくなる。それほど台湾人

高校時代のクラスメートの婚約パーティに集う。左端が著者

は国民党政権を怖がっていた。

周の家族は、私たち夫婦と接触を持ち、政府から圧力がかかるのが嫌だったのだろう。盗聴や手紙の開封、呼びだしなど、特務機関による嫌がらせは山ほどある。私たちを避けたい気持もよく分かる。

しかし、そうした中でも、台湾に帰れない私たちに台湾の贈り物をしてくれたり、台湾からわざわざ会いに来てくれたりする友人がいる。ものは考えようで、「おかげで、本物の友人と偽物の友人の見分けがついた」と思えば、気持が楽だ。

私が三十一年間台湾に帰れない間、「美齢は食いしん坊だから、台湾の食べ物が食べられないのは可哀想だ」と、贈り物を続けてくれた友人を、私は三度、ヨーロッパ旅行に招待した。スペイン、フランス、イタリアへの長期の旅行である。

私のせめてもの感謝の気持だった。

わが子には日本の教育を受けさせる

一九六〇年代から七〇年代当時、日本に滞在するアジア系外国人家庭に共通する悩みと不安は、「日本社会がわれわれを受け入れてくれない」ことだった。

日本の企業は、アジア系留学生が、たとえ日本人学生より数段、優秀でも、採用の対象にさえしてくれないケースが多く、ほとんどが一顧だにされずに門前払いだった。

そうしたなかで、在日アジア人は日本に腰を据え、根を生やして生活するのが不安なために、子供たちには国際的な飛躍を願って、いろいろな言語を無理に子供たちに詰め込もうとする。たとえば、台湾人の家庭ならば、台湾語はもちろんのこと、中国語も英語もと手を広げるのだ。

いろいろな武器を、愛する子供たちにもたせようという親心はわかる。ただ、そうした教育を受けた子供たちが、どのような大人に育つかといえば、ひどく中途半端な根無し草になってしまうのである。

子供が天才ならば、いい。親も語学が堪能なら問題はない。

しかし、親が英語もできないのに、その子をアメリカンスクールに通わせれば、次第に親子のコミュニケーションがとれなくなる。さらに、単一言語の日本社会に育ち、母語は日本語なのにもかかわらず、勉強するときは英語を使う。これでは、正常な思考回路は形成されない。

家庭教師を頼まれながら、こうしたケースを見てきた。

そこで、私たち夫婦は話し合った結果、「私たちは、台湾には帰れない。子供たちは、日本で生まれて日本で生きることになるから、この子たちには大多数の日本人が受ける教育を受けさせ、生活を送らせよう」という結論に達した。

子供たちが学齢に達するとき、区立の小学校を訪ねて、「この小学校に子供を入れて下さい」とお願いしたところ、校長先生は「うちの学校を選んでくれた」と喜んで迎え、入

長女の区立小学校入学式の日

学後は何ら分け隔《へだ》てなくしてくれた。
こうして子供たちは、小・中・高校は、日本の公立学校に普通に通うことができた。

子供たちには、無理をして台湾語や中国語を教えるようなことはしなかった。ただ、英語に関しては、将来、学ぶことになることが分かっていたので、小学校の頃から、一週間に一時間だけ、正しい発音が身につくように最低限の訓練をした。

おそらく子供たちは、私たちが願った通り、しっかりと日本の社会に根を生やした人生を送ることだろう。

二人の子供は、アイデンティティに忠実に日本国籍を取得

私たち夫婦は、子供たちに「あなたたちは、日本で生まれ、日本で育ち、台湾に何の借りがあるわけではない。だから、あなたたちが何人として生きていきたいかを自分たちで考えて、自分のアイデンティティに忠実に国籍を取りなさい」と話した。

日本の場合、国籍は生地《せいち》主義ではなく、血統主義を取っている。つまり、日本で生まれたからといって日本人にはならないのだ。そのため、子供たちは、私たちの保護下にいる間は、パスポートもなく、どこの国や地域にも所属しない人間だった。

幸いなことに、子供たちの就職時期は、バブル経済で就職しやすく、日本社会もかなりオープンになっていた。長女は放送局の外国人正社員第一号として採用され、長男もパスポートももたず、中国語も話せない悪条件にもかかわらず、商社マンとしてスタートを切ることができた。

二人は、その後、納税証明書が出せるようになってから、そろって日本国籍の取得を申

請した。二年以上待って、日本国籍を取得し、彼らはいま、日本国のパスポートをもっている。

しかし、在日韓国・朝鮮人の親子関係を見ていると、私たちとは対極にある人が多い。彼らは、子供が日本に帰化しようとすると、強硬に反対して断念させようとする。それは子供を自分の世界に抱え込もうとする、最も良くない手法のように思われる。子供は、自分の頭で自由に考え、自由に巣立っていけるようにするのが親のつとめではないだろうか。

いま話題になっている在日外国人への地方参政権の付与の問題にしても、在日韓国人は強く要求し、日本の政府関係者のなかにも、「償い」のために付与を主張する人がいる。しかし在日外国人の地方参政権は、償いでも恩典でもなく、国の根本を揺るがす問題である。民主党の小沢幹事長は、これを実現させようとしているようだが、亡国への第一歩を踏み出すことになるだろう。

在日韓国人一世は、ある種のルサンチマンを抱えている。日本社会で暮らすなかで、口では言えないような様々な苦労があったであろうし、そういう思いを抱いても仕方がない。

しかし、その恨みを在日二世・三世に刷り込んできたことは、今日の在日韓国人の意識を大きく歪め、日本人との間に垣根を作る結果を招いている。日本社会で根を張って生きていくのならば、互いの幸せのためにも、このあたりで〝恨みの連鎖〟は断ち切るべきではないだろうか。

テレビでも論戦を

これまで、私はいろいろな幸運に巡り合ってきた。

その一つが、テレビ出演への道が開けたことである。多くの日本人に、台湾問題をはじめとして、私の考えを発信するチャンスに恵まれたのだ。

五十九歳という年齢でのテレビデビューも、あまりないことかもしれない。

私のテレビ出演は、森本毅郎氏が司会をしていたお昼のワイドショー『わいど！　ウォッチャー』（ＴＢＳ）から始まった。友人からは「ワイドショーには出ないほうがいい」などと言われることもあったが、そうではない。一言でも、自分の信じていることを話すチャ

浴衣ショーで憧れのモデルに

ンスがあれば、ワイドショーでも結構なのである。

それから二年ほどして、テレビ朝日『朝まで生テレビ』からお声が掛かった。自分の考えを思い切り表明できる『朝まで生テレビ』は、まさに言論、論戦の新しい場であった。活字メディアとは違った大きな反響があった。

現在は、二本の番組に定期的に出演している。

一つが、『太田光の私が総理大臣になったら……秘書田中。』（日本テレビ）そして、『たかじんのそこまで言って委員会』（よみうりテレビ）である。
私の信じるところを、誰はばかることなく発言できるチャンスがあるのは、本当に幸せなことだと思っている。

私たちには「心の祖国」がある

本章の最後に、私が早稲田大学博士課程に在学中、『婦人公論』（昭和四十三年七月号）に掲載された「台湾人留学生の『人間の条件』」という論文の一節を紹介しておきたい。

革命や政治運動などもともと私の柄ではない。政治というものには不可避的に、愚劣さ野暮ったさがつきまとう。私にとって感覚的に耐え難い幾多の要素がその中にある。一方、若いときからの遊び好きの体質は、そのまま私の中に残っている。ヨーロッパからオペラがくれば徹夜で並んで切符を買う私、新作が上演されるつど、方々の劇団から案内状のくる私、食いしんぼうで、おしゃれも嫌いではない私。要するに、すごく欲張って人生を送りたい方なのである。

この矛盾を支えているのは、ただ二つの気持からである。一つは同胞に対する愛情と義務感、もう一つは自分の「内なる感覚」に忠実でありたいとする気持である。

わが同胞のみじめさ、あわれさ、卑屈なまでにいじけ切ったその精神状態——ときどき日本人がお世辞のつもりで「朝鮮人とちがってあなたたちは大変おとなしい」などと言うのをきくと、複雑な気持になる。

そうではないのだ！　朝鮮の人たちには自分の国があるのだ！　現実に植民地人でしかない台湾人とは、その存在の様式において、根本的に異なっているのである。確固とした自己の立脚点を地球上に持っているのと持っていないのとでは、人間の態度の点で違ってくる、自信の点で違ってくる。かつて羊のごとくおとなしいアウシュビッツのガス室に送り込まれた数百万のユダヤ人と、独眼竜ダヤン将軍の自信に満ちた精悍な風貌を比べれば、明らかであろう。あれは同じユダヤ民族なのである。

現在、唯一の「おとなしくない」台湾人とは、台湾青年独立連盟をはじめ、世界各地で活躍する台湾独立運動者たちである。彼らには「心の祖国」がある。中国の植民地人であることを拒否し、「心の祖国」を確立した瞬間から、彼らはそれまで埋没されていた自己を取りもどし、生命の充足感を覚える。いじけていた精神はにわかにふくらみ、怒りを込めて力強く鼓動しはじめる。それはまるで新しい世界が目の前に開けたような、すばらしい感覚である。われわれの祖先、幾代も幾代もが、かつて味わったことのなかった解放感だ。

私が、自分の「内なる感覚」と呼ぶことは、つまりこのことである。

私が台湾独立運動に飛び込んだのも、五十年間、台湾独立運動にわが身をささげられたのも、原点はここにある。

第4章

台湾人の「日本精神《リップンチエンシン》」

台湾人自身が使い始めた「日本精神」という言葉

一九四六年（昭和二十一年）春、台北第一女子高級中学の生徒だった時、ある日、私は上級生の先輩に誘われて隣の建国中学（旧台北一中）の生徒たちの集まりに参加した。それは送別会だった。元一中の生徒が中国国民党による強制的な中国教育や中国人としてのアイデンティティを押しつけられることに耐えかねて、基隆港から漁船に乗り込んで〝憧れの日本〟への密航を企てているという。送る側も、送られる側も、何の疑いもなく、日本は祖国で、希望の地だと信じていた。

その生徒の企てはあえなく失敗に終わり、彼はのちに台湾大学に学んで、卒業後は公務員の道を選んだ。もし当時の台湾の若者に国籍選択の自由があったら、日本の代わりにやってきた蔣介石の中華民国の国民になることを大多数が拒絶し、日本国民なることを望んだだろう。

そうした感覚は権力の強制からは生まれてこない。日本が台湾で行ったことは、それまでの欧米の植民地経営とは明らかに異なるものだった。

何より台湾人は、日本が統治時代に持ち込んだ精神的価値観、倫理観に共鳴し、それを自らのアイデンティティに深く酌《く》み入れた。

台湾語で語られる「リップンチェンシン」、つまり、「日本精神」には、「清潔」「公正」「勤勉」「責任感」「正直」「規律遵守」など多様な意味が含まれ、全人格的な価値観として台湾人自身が使い始めた言葉である。

司馬遼太郎の『台湾紀行』に出てくる〝老台北〟蔡焜燦《さいこんさん》は、台湾人と中国人の決定的な違いについてこういっている。

「『公』という観念の有無だ、と思う。日本の教育は、台湾人に他の近代国家と伍して恥じない最高水準の道徳を身につけさせてくれた。日本統治時代の道徳教育こそが、台湾人と中国人を精神的に分離させたのである。日本統治時代、『公』という観念は徹底的に教え込まれた。それは秩序ある法治社会を築き上げるためには必要不可欠だった」

「あの人はリップンチェンシンだから……」

自らを取り巻く現実が醜悪であればあるほど、過ぎ去った日々のすべてがより美しく追憶され、目の前の恐怖政治に比べると、日本の植民地だった時代のほうが数倍よかったと思われた。

ほかならぬ李登輝でさえ、国民党政府のことを「外来政権」と規定しているくらいであるから、中国人たちが台湾人をどのように遇したかは推して知るべしである。戦前を「日本時代」、戦後を「中国時代」と呼ぶような言い方が、いつの間にか定着したことも、この間の政治状況の実態を如実に反映していると言える。

「日本精神《リップンチエンシン》」という言葉は、まさにこのような状況で生まれた。台湾人が戦前の「日本時代」を追憶して、よかったと感じたすべての要素がこの言葉の中にふくまれている。

台湾人の回顧の中では、植民地統治の下ではあったが、日本人の役人は清潔で真面目だった。サーベルをさげた日本人警察官は怖かったけれど、少なくとも公平無私で、袖の下などは決して取らなかった。小学校で担任だった日本人教師のおかげで自分は師範学校まで行かせてもらった。日本から来た技師が命がけでダムをつくってくれた。

腐敗と不正のはびこる末世において、台湾人が渇望した美徳のすべてが、この「日本精神《リツプンチエンシン》」という言葉に込められていたと言っても過言ではない。

たしかにそこには、台湾人の願望が過度に投影されている。「日本時代」にも忌《い》まわしい思い出があったはずなのに、美化されすぎているとの批判もあるだろう。

しかし、「日本精神《リツプンチエンシン》」という言葉は、誰かが何らかの意図で作った言葉でもなければ、何らかの力によって人為的に広められた言葉でもない。にもかかわらず、この言葉は台湾全島の津々浦々にまで自然に広がり、台湾人同士がこの言葉を口にしたとき、相手はすぐにその含意《がんい》を理解したのである。

さらに言えば、その後、「日本精神《リツプンチエンシン》」という言葉は、日本人との直接の関連から離れて、ごく一般的な意味にも用いられるようになった。

たとえば、台湾人を指して、「あの人はリップンチェンシンだから」と言うと、真面目で少々堅物だというくらいの意味になる。「リップンチェンシンで店を経営している」と言えば、信用を重んじ、約束を守って人を騙さないという意味に使われる。すべてが、プラス・イメージで使われる。もちろん、そう言われた人が台湾人で日本語など一言も話せなくても、このように言っておかしくないのである。

ちなみに、「日本精神《リップンチエンシン》」とまさに対照的な表現として、先にも触れたが、「中国式」という言葉も同じくらい広く用いられた。

こちらは、「ルーズ」「無責任」「不公正」「欺瞞的」「カネが万事」などなど、すべてマイナス・イメージで使われる。

「あの人は、何しろ中国式だから仕方がないな」と、台湾人はなかば軽蔑の気持ちを込めて、はき捨てるように言った。

「化外《けがい》の地」から近代国家へ

日本は、日清戦争に勝利し、下関講和条約により手に入れた台湾という新しい領土を、本土並みにしようという熱意をもっていた。

李鴻章（清国の政治家）が「化外の地」と呼んだ台湾は、日本軍が駐留してきた一八九五年（明治二十六年）当時、マラリア・ペスト・赤痢などの伝染病が流行り、阿片《あへん》の吸飲者は十七万人いたとされ、汚水は路上を流れていた。公衆衛生とも教育とも縁のない、文化果つる地だった。

日本はそこに学校をつくり教育をひろめ、道路を整備し、衛生行政をしき、上下水道を敷設、阿片を専売制にして漸次禁止していく等、台湾を近代化へと導いていった。上下水道の整備は日本よりも早かった。

八田與一《はったよいち》は、台湾の烏山頭《うさんとう》ダムに象徴される「嘉南大圳《かなんたいしゆう》」と呼ばれる灌漑網《かんがい》を整備した日本人として台湾人の間では知られているが、その献身的な仕事ぶりから台湾人の尊敬を集め、いまでも毎年、命日には台湾で墓前祭が営まれる。

近代化を成し遂げた今日の台湾であるが、その原点には、日本統治五十年という基礎があった。もちろん、台湾人にとって理不尽なことがなかったわけではないだろうが、それをもって日本統治全てを否定すべきものではない。

今日の台湾における親日感情は、一朝一夕にできたものではない。

日本人が台湾で残していった学校や工場、病院や鉄道、道路など目に見えるもの、そして、そうしたものを築き上げた「日本精神」という目に見えないものの総体の結果なのである。

日本人と台湾人の差別なし

私の小学生時代、私にとって忘れられない日本人教師との思い出をここで紹介しておきたい。

日本統治下の台湾では、初等教育は小学校と公学校に分かれていた。その区分の基準は、日本語を自由に操れるかどうかだった。日本語ができる子供は小学校で、そうでない子供は公学校である。

したがって、日本人は小学校に通ったが、台湾人の家庭でも、小学校でより高いレベルの教育をと願って、日本語を使いこなせるように幼い頃から教育された台湾人の子供たちも、小学校に入ることができた。

よく日本の植民地政策として、「創氏改名《そうしかいめい》」が強制されて苦痛を覚えたと喧伝《けんでん》されているが、台湾ではこの「改姓名」はあくまで自主的で、小学校に入りたい、少しでも日本人に近づきたい、という思いから日本名を名乗る人は少なくなかった。

私は、台湾語を母語としていて、学齢に達して、ようやく学校で日本語を習う児童だったので公学校に入学した。しかし、先にも述べたが、私は、生まれつき耳がよく、語学が得意だったことも手伝って、日本語が完全にマスターできた小学校の三年の時点で、台北の寿小学校に転校することになった。

国語の授業では、日本人の教師は、「いま授業で読んでいる短い物語をノートに写してくるように」という宿題を、なぜか毎回出した。次の授業では、写していった最後のページに、教師が判を押してくれた。

「そんな面倒くさい宿題などしていられるか……」。好きな本が読みたい私は、すぐに手抜きをすることを思いついた。最初と最後のページだけを写して、中間を省略してしまう手だった。先生は毎回、最後のページしか見ないのだから、これでうまくいく。

しかし、天網恢恢疎《てんもうかいかいそ》にして漏《も》らさず。私はある日、うっかりそのノートを家に忘れてしまった。

「待っているから、自宅まで取りに行ってこい」

自宅まで往復すれば、一時間はかかる距離だったが、それでも取ってこいという。一人のノートならば、先生は、ノート全部を見るだろう。そうすれば、一瞬にして全部がバレてしまう。しかし取りに帰るしかほかに選択肢はなかった。

中抜きした私のノートを見た教師には、「おまえの本性が、丸出しだ」とまで言われ、本当に厳しく叱られた。私は、泣き出す寸前だったが、じっと我慢した。だが、「これは叱られて当然だ。悪いのは私なのだから」と、不思議と反発心は湧かなかった。

いまでも忘れられないのは、その教師は、感情にまかせて私を怒鳴り飛ばしているのではなかった。真剣に私のやった事を叱責していたのだ。

小学校の教師は全員日本人だったが、日本人の生徒と一～二割の台湾人の生徒を差別することは一度もなかった。いいことをしたら褒め、悪いことをすれば叱るという、健全な教育がそこにはあった。

多くの日本人教師が、間違いなく「日本精神《リップンチエンシン》」をもっていた。

「日本の植民地教育のために卑屈になっているからだ」

この「日本精神」や「中国式」という言葉を好んで使ったのは、台湾人のなかでもどちらかというと知的レベルの高い層ではなく、広範な普通の庶民といった多数の人たちである。この人たちの知恵や感覚をバカにしてはいけない。いわゆる進歩的文化人よりはるかに鋭く時代の実相を感じ取る人たちである。

だいぶ以前のことだが、東京でのある集会で、朝日新聞の名物記者だった松井やよりが、「台湾の人がいまでも日本語をしゃべったり、日本の歌を歌ったりしているのは、日本の植民地教育のために卑屈になっているからだ」という意味の発言をしたことがある。

あまりにみごとにパターン化された物言いなのに呆れて、私はすぐ反論した。戦後の台湾人の屈折した心理や複雑な感情の襞《ひだ》など、この人はまったくわかっていないと思った。

暗く惨めだったあの戦後の数十年、台湾人がどんな思いで日本のナツメロに聞き入っていたか。銃剣とともに押しつけられた中国の歌など、多くの台湾人は意地でも歌いたくなかったのである。

台湾独自の文化を言うことは独立に通じるとして、台湾語聖書は没収され、台湾語番組の放送も禁止されていた。こんな状況下で、私たちは何の歌を歌えるだろうか。私たちが日本の歌を歌うのが、どうしてそんなに気に入らないのか。

彼女は再反論して言った。

「私は中国の事情はよく知っていますが、中国では幼稚園児でも『台湾解放』を歌っています」

幼稚園児まで歌うほど、中国人の「台湾解放」の考えは、徹底していると言いたいのだろうが、これで議論はおしまいである。幼稚園児がそんな歌を歌っているのは、私に言わせれば「気色わるい」の一言である。彼女はそんな全体主義がお好きで、私たちもそんな歌を歌えば気に入るのだろうか。

彼女だけでなく、こうした傾向の人たちによく考えてもらいたいことがある。台湾に関して、日本がほんとうに反省しなければならないのは、戦前ではなくて戦後であるということだ。

植民地統治は悪い事だから、それにまつわる全てが悪いなどといった小児病的な発想から脱却してほしいものである。

「台湾に日本時代五十年がなかったら、依然として台湾は海南島のレベルだったろう」と言ったのは作家の邱永漢だそうだが、これは台湾人の共通認識と言っていいだろう。「しかし植民地はやっぱり悪いのだ！」とまだ叫びたい人がいたら、「それはよく存じ上げています」とだけ言っておこう。

反省すべきは、戦前ではなく戦後

問題はむしろ戦後にある。戦後日本は、一度も台湾人とまともに対応しようとしたことがない。台湾人が苦しんでいたとき、日本は蔣介石政権に懸命に肩入れしていた。そんな中で、独立運動者の強制送還もあった。そして、一九七二年（昭和四十七年）、手のひらを返したように蔣介石政権から北京へ乗り換えた日本は、台湾人の同意もなしに、「台湾は中国の一部」と勝手に決めてしまった。

そして、私たち在日台湾人に勝手に中国籍を押しつけた。さらには北京が台湾沖にミサイルをぶち込んでも、まともに抗議一つするわけでもなく、知らぬ顔を決め込んでいる。

台北にいる私の友人は、「まったく友達甲斐のない国だ」と言ったものである。

「日本精神《リップンチエンシン》」という言葉は、いまではひところに比べてだいぶ影が薄くなっている。少なくとも、台湾の若い世代には、もうピンとこないようだ。彼らの世代が目にする日本人は、公平でもなければ誠実でもない。やたら揉《も》み手をし、札びらを切り、そして誰かれとなく色目を使う。「日本精神《リップンチエンシン》」は、いまや神話になりつつある。

かつて台湾人が、闇夜に光を見る思いで「日本精神《リップンチエンシン》」について語ったとき、これは決して幻想だけではなかった。日本人は、このことをもっと素直に誇りに思っていいのではないか。

自虐《じぎゃく》というのは、お笑いタレントが自分で自分の横っ面を張っているような滑稽さがある。このような所作は、観衆の笑いと拍手を取ることはできるだろうが、尊敬を得ることはない。幕を引かれた後は、ピエロのもの悲しさが残るだけだろう。

台湾の「日本精神《リップンチエンシン》」は、やがて死語と化してしまうだろう。それはそれでいい。しかし、いまこの言葉がほんとうに必要なのは、ほかならぬこの日本なのである。

「台湾人にとっての靖国神社」

戦後の国民党政府の統治下、台湾人はいやがうえにも「日本精神《リップンチエンシン》」を懐かしみ、美化したということはあったにせよ、「日本精神《リップンチエンシン》」は誰か権威者の意図によってつくられた言葉でもなければ、人為的な力によって台湾全島に広められた言葉でもないと、先に述べた。

いま、こうしたことを私のような台湾人が語っていかなければ、日本人のほうがどんどん忘れていってしまう。お節介にも、私はそんな危機感をずっと抱いている。

その危機感は残念ながら現実化しつつある。たとえば、戦後の日本人は、「過去の歴史」を持ち出してくる相手に無条件に弱くなった。持ち出される非難の真偽を確かめるよりも前に頭を垂れてしまう。外国人が発言し、書き連ねる旧日本軍の悪辣さ、残虐さを無批判に信じ、自らの父祖の名誉を守ることに意を注《そそ》がない。

靖国神社を参拝することはないと明言する鳩山首相の姿に、彼が反省を表明する時代に日本人だった私は、強い違和感を感じざるを得ない。「台湾人にとっての靖国神社」を考えたとき、戦前の日本との一体感、精神的な親和性を抜きにしては語れない。私が少女期に出会った日本の兵士はみな親切で、私たち同胞を助け、守るという役目を任じていたと思う。

もちろん、私の前では優しかった兵士も、いざ戦場で敵と向き合えば、否応もなく手にした銃の引き金を引いただろう。敵の兵士を倒すことが彼の役目であり、そうしなければ逆に自分が殺されてしまう。そうした極限状況に置かれた人間、生と死のギリギリの境に立たされた人間の行動を、その状況にない、その想像力もない後世の人間が、一方的に良心の高みに立って非難し、責め立てるのはフェアではない。ましてや同胞に対し、なぜそんな眼差しを向けねばならないのか。

終戦直後、靖国神社は焼き払うべきという連合国軍総司令部内の意見に対し、「戦士はどこの国でも尊敬されるべき」であり、「いかなる国家も、その国家のために死んだ人々に対して敬意を払う権利と義務があり、それは戦勝国か敗戦国かを問わず平等の真理でなければならない」と、最高司令官のマッカーサーに献言《けんげん》したのは、当時、駐日ローマ法王庁バチカン公使代理だったブルーノ・ビッテル神父だが、なぜ日本の首相がこの感覚をもち、主張できないのか。

いま生きている私たちは何でも発言することができる。信念や気持を自由に表現することができる。しかし、靖国神社に祀《まつ》られている英霊は一切口をきくことができない。こちらが虚心に耳を傾けないかぎり、彼らの声を聴くことはできない。何の説明も抗弁もできない彼らは、ただ「靖国で会おう」と言って命を投げ出してくれた存在である。

その父祖への感謝の念、その時代への愛惜の念、そうした人間としての自然な情感を持ち続けることだけでなく、靖国神社を今後も維持することは、後生を信じて散華していった父祖たちとの〝黙契〟ではないのか。それをいま生きている私たちだけの都合で反故《ほご》にすることは、道徳的にも決定的な頽廃を日本人にもたらすことになる。

昨年（二〇〇九年）八月十五日、私は靖国神社参道で開かれた戦没者追悼中央国民集会（主催／英霊にこたえる会・日本会議）で、提言者として壇上に立った。境内の特設テントは空席一つなく、厳しい日差しの中で周りを二重にも三重にも参加者が囲んで立っていた。私はここに述べたことと同じような話をした。

終戦六十周年の一万人集会の際にも多くの提言者の一人として出席したが、「〝靖国で会おう〟と言われたのだから、靖国でしか会えない。だから靖国神社に詣でる。それをとやかく言う日本人は恩知らず、とやかく干渉する外国人には、『Not Your Business!』（あなたたちの知ったことか！）と言うべき」と訴えたことをいまも鮮明に覚えている。

台湾で終戦を迎えた十一歳まで、私は日本の勝利を願う軍国少女だった。その遠い昔、郊外の疎開先と街の中心部との往復に、幼かった私を優しく抱え上げてトラックに乗せてくれた兵隊さんが靖国神社に祀られているかもしれず、また台湾に自由化、民主化をもたらした李登輝元総統の兄をはじめ、約二万七千八百人の台湾人が合祀《ごうし》されている靖国神社。

戦前の台湾人は、日本とともに〝あの戦争〟を戦ったのであり、「台湾人にとっての靖国」は決して観念的なものではない。先だっての訪日でようやく兄の御霊に詣でたいという積年の思いを果たした李登輝元総統と同じ思いが、私の中にも軍国少女の記憶とともに重ね合わされている。

つまり、靖国神社を思うときの私は、日本と台湾という二つの祖国の歴史が重なり合う中に、自分の居場所を感じていたのである。

台湾の反日活動家・高金素梅の靖国反対運動の正体

靖国を大切に思っている台湾人がいる一方で、反日としての靖国批判を展開する台湾人もいる。

台湾における反日活動家の代表が、国会議員の高金素梅《こうきんそばい》である。彼女は、原住民高砂族選出の女性議員であり、二〇〇九年には靖国神社にメンバーを引き連れて殴り込みに来ている。元女優の彼女は、パフォーマンスが上手く、美人であるため注目も浴びやすい。国会議員になる前は、高砂族出身だということはオープンにしていなかったが、議員に出馬するにあたって、公表した。原住民枠は、特別枠なので当選しやすいのだ。

動画投稿サイトに、その抗議行動の映像がアップされているが、神聖な境内の中で「我が祖先を返せ！」『靖国NO！」などと拡声器でシュプレヒコールをあげて行進した。

この団体は、「靖国反対」のためだけに集められたものではない。じつは毎年、「観光ツアー」も兼ねて人を集めていた。数年前私は、そのスケジュール表を見ているが、靖国神社での抗議行動が終わった後、一行は富士五湖へと観光に足を伸ばしている。「日本旅行」と銘打って人を集め、旅行日程の一部に「靖国神社反対運動」を盛り込んでいるのだ。

今年、その「日本旅行」のあと、彼女は台湾にそのまま帰らずに、中国に立ち寄っている。何故か。

一億台湾元を、中国政府からもらうためであった。日本円にすると約三億円。彼女の来日直前の二〇〇九年八月、台湾で「五十年ぶり」と言われる台風被害が発生していた。その台風被害の「お見舞金」という名目ではあったが、要は靖国でのパフォーマンスへの「ご褒美」なのだ。

彼女の「靖国反対」は、中華人民共和国の紐付きだったのである。

日本人が台湾人である高金素梅の抗議行動を見て、反台湾の意識をもったとしても、また、反靖国の意識をもったとしても、いずれにしても、それは結果的に中国を利することになる。つまり、日台の離反こそが、高金素梅を支援する中国の本当の狙いなのだ。

周英明が感じたある戸惑いと寂しさ

一九六一年(昭和三十六年)、夫の周英明が、胸を膨《ふく》らませて、自由な別天地・日本の地に降り立ったとき、彼は、ある戸惑いと寂しさを禁じ得なかったという。それは、台湾における日本の大きさと、日本での台湾の小ささに、あまりにも隔たりがあったからである。渋谷の「本のデパート」といわれる大きな書店をのぞいてみたときのことだ。台湾には、そのような大きな書店はなく、「日本はやっぱり凄いな」と感心しながら中に入った。台湾で、二・二八事件をはじめとして、自分自身を押し殺して生きなければならない辛酸を舐《な》め、その傷が癒えない頃だったので、彼は「日本では台湾のことはどのように描かれているのだろう」という点に大きな関心があった。

これだけ大きな書店なのだから、きっと台湾の本はたくさんあるだろうと、諸外国の事情を書いた本のコーナーに行ってみたが、なんと、台湾の本が一冊もない。それでも気を取り直して、いろいろ見て回ってやっと見つけたのが、台湾の観光案内の本一冊だけであった。

台湾から日本を見るとき、日本はとても大きく親しみのある存在だった。国民党政府の日本色排除の方針はあったが、それは台湾や台湾人の内面に「日本」が生き続けているからに他ならなかった。

建物や畳・襖《ふすま》などの日常、目にするものをはじめとして、生活習慣やものの考え方、規範など、台湾人の生活のいたるところに「日本」は生き続けていた。

さらに台湾人の心の中には、日本統治時代のいい思い出や、日本へのあこがれが根強く存在していた。

ところが、である。日本には、台湾はどこにもなく、日本人も台湾にまったく関心がない。日本に近い亜熱帯のサツマイモ型の島、くらいの認識しかない人が多いに違いなかった。二・二八事件やそれに続く白色テロなどが起こったことなど、ほとんど誰も知らないだろう。

「台湾がどうなっていようと、台湾人がどういう思いで暮らしていようと、私たちには全然関係ありません」と言われたような気がして、心が冷え切ったという。

「徳化」と呼ばれる中国の侵略

だが、いまは違う。日本における台湾の存在も大きくなり、台湾への旅行者も当時と比べると格段に増えている。台湾で起こった出来事もいまや日常的にニュースとして日本に入ってくる。

だから、現在の台湾と共産党独裁体制の中国がいかに異なった国であるのかは、多くの日本人が実感し、認識していると思われる。

政治制度も経済形態も違う道を歩いてきた国が一緒になるということは、どれだけの苦痛と問題を抱え込むことになるか。それは、東西ドイツの例をみても分かることである。統一が「善」で、分かれることが「悪」だというのは、迷信以外のなにものでもない。政治制度が違う中で違う歴史を歩んでしまったら、それは異国だと思ったほうがいい。

朝鮮半島の統一についても、金大中はその統一志向によってノーベル平和賞まで受けたが、韓国の一般の人々にとっては、正直なところ迷惑だというのが本心なのではないか。

自国経済さえ厳しい状況の中で、北朝鮮と統一などしたら、ますます韓国経済は沈没していく。そして何より、思想と国情が完全に違う。

かつて一緒だった同一民族の国さえ、六十年経てば違う国になるのである。ましてや、台湾と中国はたったの一度も一緒の国だったことはない。まったく違った二つの国がひとつになることが幸せだという道理は、成り立ち得ない。

中国人における「統一」とは、自分を「中原《ちゆうげん》」（天下の中央）に位置づけ、華夷秩序意識に基づいて周辺諸民族を制圧・吸収していくことだ。他民族に中華文明の恩恵を施すことは「徳化《とつか》」と呼ばれる。チベットは侵略併呑ではなく「徳化」されたのだから、感謝すべきという理屈だ。

この理屈から言えば、台湾も「徳化」すべき相手であり、「協議」などする相手ではない。そして、いずれは日本も。その現実を認識し、重責を担う覚悟は日本人にあるのか。

かつて、「日本精神」を学んだ私が、「自分の国を守る覚悟」について、日本人に問うていかなければならない。繰り返すが、他ならぬ日本人こそが、いまその精神を必要としていると思うからである。

台湾で大ヒットした映画『海角《かいかく》七号』

二〇〇八年八月、台湾で封切られた『海角七号』という映画がある。

低予算で作られた映画だというが、近年低迷を続けていた台湾映画界では、『タイタニック』につぐ史上二番目の興行成績をあげる例外的な大ヒットとなった。

この映画のヒットの背景の一つには、台湾人の日本統治時代へのノスタルジーがあったと言える。当時を知る人たちが映画館に足を運び、かつて別れなければならなかった「日本」を思い出し、涙したのである。

また、台湾の若者にとっても、こんな歴史が祖父母の時代にあったのだ、ということを知らされ、感動した映画だった。だから、多くの若者が、二度、三度と映画館に足を運んだという。

この映画は、二人の友子という女性の物語である。戦後、離れ離れにならなければならなかった日本人教師と教え子の台湾人女性・小島友子（日本人名）の恋、そして分断されなければならなかった日本と台湾、この二つの関係を織り交ぜながら、その六十余年後の現代に生きる台湾人青年と日本人女性・友子の恋愛を描く。

敗戦後、台湾から引き揚げる日本人教師が、小島友子への手紙を船上でしたためながら呟く。

「(君を)捨てたのではない。置いていくしかなかったのだ」と。

日本人としての自覚をもっていた当時の台湾人で、敗戦後、日本から「放棄」という形で捨てられたと思っている人は多い。いまでも、こうした思いを抱いている、ある年代の台湾人はたくさんいる。

サンフランシスコ講和条約で台湾を放棄した日本は、中国と国交を回復した一九七二年(昭和四十七年)にも、「台湾は中国の一部」と中国が主張していることを認めてしまった。日本は二度、台湾を「捨てた」ことになる。

台湾の多くの若者がこの映画を見て、「素晴らしかった、感動した」という。この思いは、果たしていまの日本人に届くのだろうか。

第5章

「国家意識」なき日本人へ

日本人にとって、国とは空気のようなもの

かつて、ある経済学者が自著の中で、経済学という立場から、マーケットこそが人類が発明した最大の財産であると書いていた。私たちがほしいものを手に入れることができるのは、作り手と買い手を結ぶマーケットがあるからだというわけである。

たとえば、孤島に一人取り残されたロビンソン・クルーソーは、マーケットがないばかりに、大変な苦労をする。食べるものから、着るものまで自分で手に入れなければならなかった。ロビンソンは、じゃがいもを作ることもできず、オイルも作ることもできず、フライパンもなく、したがって、私たちがいつでも食べることができるポテトチップスを食べることができなかった。

私たちはロビンソン・クルーソーではない。だから、ポテトチップスを食べることができる。それが当たり前になっているから、ひとかけらのポテトチップスが口にはいるまでにどれだけ多くの人の手がかかっているのかを忘れている。多くの国々、多くの工場、多

くの職業がかかわっているのである。

この経済学者は、経済学的にロビンソン・クルーソーの置かれた立場とマーケットの原理に守られている自分たちを比較している。

私もよく講演で「個」と「公」のつながりを話すとき、ロビンソン・クルーソーを話題にしてきた。私たちを取り巻くすべての事象に当てはまると思うからである。

私たちは、一人で生きていかなければならなかったロビンソン・クルーソーではない。お互いに、人を助け、人に助けられて生きている。

私にはかつて国がなかった。国がないということを体験しているから、国というものがどれほど大切かということが切実にわかる。日本人は、そうした体験をしていない。おそらく、日本人にとって、国とは空気のようなものなのではないだろうか。

空気がなければ、私たちは生きていけないのに、その存在に気づくことは稀である。国もそれと同じである。空気だから、その存在もありがたみも感じない。すると、だんだんすべてのことを感じなくなる。自分がこういう組織のおかげで日々の糧を得ていることも忘れて、求めるばかりになる。周囲のものにも求めるばかりになる。

家族に対しても、その中で自分が何ができるかよりも、何をしてくれるのかということばかりを考えるようになる。親の保護の下で生きていることを忘れるから、親をなめたり、蔑《ないがし》ろにしたりすることが平気でできるようになる。国家と国民、親と子供、教師と生徒、あらゆる関係は、そういう意味で言えば、まったく同じ構造なのである。

〝自分の国を守る義務〟について考えようとしない

戦後間もなく学校教育を受けた日本の知人は、「当時のことだから、社会科の教科書で憲法発布のことが載っていたのは教科書の最後のほうだったけれども、条文の代表例として第九条が掲載されていたことは忘れることができない。〝こうして、日本は戦争を永久に放棄したのです〟という文章が高らかに謳《うた》われていて、その文章の行間がキラキラと輝いて見えたものだった」と言う。

その気持はよくわかる。大阪大空襲、東京大空襲、広島・長崎の惨状、そして沖縄の悲惨な地上戦などなどを体験すれば、誰だって二度と戦争などしたくないと思うだろう。しかし、この第九条には大きな矛盾がある。

日本の戦争放棄は、アメリカの保護があってこそできることだったということだ。自分の国を自分で守るという自衛力さえ奪われ、骨抜きにされて、平和も何もないものだと私には思えて仕方がない。

私だって、戦争などしたくない。地球人全員が、戦うことなく平和に暮らせるならばどんなにいいかと思う。しかし、残念ながら、それは難しい話だ。限りない欲望が人間を戦いに駆り立てるからだ。

台湾にしても、中国はなぜ、あんなにちっぽけな島一つにこだわるのかと私は言いたい。あれほどの広大な国をもっているのだから、それでいいじゃないかとも思う。

しかし、それにこだわり、自国の所属にしようという国がある以上、戦わなければならないのである。

日本にしても、アメリカという強大国が背後にいればこそ平和を維持しているが、もし、「永遠に戦争を放棄しました」と言って、自衛力をもたないままアメリカという後ろ盾をなくしたら、どうなるか分かったものではないと思う。

たとえば、日本には徴兵制がない。いま、世界を見回してみて、徴兵制がない国のほうが、ある国よりも少ないということをご存じだろうか。

台湾も、もちろん、兵役義務はある。成人に達したとき、大学に行っていれば徴兵延期の特典があるが、卒業時に兵役の義務を果たさないと卒業証書はもらえないことになっている。

一八一五年から永世中立国として認められているスイスや、一九五五年に同じく永世中立国となったオーストリアでさえ、軍備を保有することは許され、兵役義務はある。永世中立国とは「いかなる戦争にも中立を維持し、いかなる国家に対しても戦争を行わないことを義務づけられている国」を言う。だから、本来ならば軍備など必要ないはずなのに、それをもっている。

まして、日本はそうした認定はされていない。いくら戦争はしませんと誓ったところで、攻撃される恐れはあるのである。

ところが、日本に徴兵制をなどと言う人がいたら、大抵の場合、袋叩きの憂き目に遭う。〝自分の国を守る義務〟について考える人間がほとんどいないからである。それらの主張がすべて、戦前の軍国主義に通じると考えてしまうのかもしれない。しかし、愛する家族を守るために戦うように、愛する国を守るために戦うことを考えては、なぜいけないのか。ある意味で根っこは同じなのだ。

かつて、ジョン・F・ケネディは、演説の中で、「国が自分に何をしてくれるかということよりも、自分が国のために何ができるかを考えよう」と言って、国民としての義務を果たすことを説いた。

それは歴史に残る名言として、人々の語り草になっている。

私はいま、その言葉をそのまま、日本人に贈りたいと思う。日本人は、国民としての義務をあまりにも考えなさすぎるからである。納税の義務、教育の義務などと同じように、国を守る義務は、国を愛する人間ならば誰でも持ち合わせるべきものではないだろうか。

自分の国をあしざまに言うのは、世界中で日本人だけ

日本人が日本の悪口を言ったり、日本のことをあしざまに言ったりする場合、それは、

日本をよくしたいがために言っているとは思えないことが多い。彼らは、自分の国のことを悪く言うことがすなわち、自分を貶《おとし》めているのだということに気づかない。

そのあげく、自分だけは別だと思っているのだ。以前もテレビで、戦争のとき、日本兵がいかに残虐だったかということを延々と述べているジャーナリストがいた。中国大好きの松井やよりである。彼女の父親が軍人だったことを知っていた人が、「あなたのお父さんだって軍人だったんでしょ」と突っ込んだ。すると、彼女は、「うちの父親はそんなことをしませんでした」と答えたのである。

私は思わず吹き出してしまった。日本人の悪口を言っていながら、自分と自分の家族だけは別だと主張していたからである。

そういう輩に限って、アメリカにかぶれ、あるいは共産かぶれをしていて、自分の国のことを知らない。中途半端にかの国のことを記した本を一冊読んだくらいで、その国のすべてを知ったつもりでいる。そして、得意気に出かけて行って、恥をかいて帰ってくる。どんなに勉強をして、あちらのことがわかったつもりでいても、あちらの国の人には敵わない。

あちらの人が、自分の国のことを日本人に聞こうとするはずがない。むしろ、日本のことを聞きたがっている。だから、自分の国のことを何も知らない日本人としてバカにされるのである。

日本人として、日本のことが分かっていなければ、国際社会に出て通用しない。

知人の娘さんは、高校生のときに留学したそうである。そして、大いに恥をかいて帰ってきたという。向こうで聞かれたことが日本の文化や歴史のことばかりで、何一つ答えることができなかったからである。彼女は、帰ってくるなり、『源氏物語』や『方丈記』などを手に取るようになった。

私は、日本のこともろくに知らないうちから留学することに疑問をもっている。しかし、このような恥の体験をするためならば、若年での留学もいいことかもしれないと、そのとき思った。

字幕スーパー翻訳の第一人者である戸田奈津子は、英語の辞書よりも、日本語の辞書を引くことが多いという。あちらの映画のセリフに出てくることわざや警句を日本語にするとき、日本語のことわざ辞典や古典辞典は欠かせない資料だという。真の国際化とは、そういうことを言う。

ともかく日本人は、自国のことを知らないまま、日本の悪口を言う不思議な人種である。世界でも、自分の国をこれだけあしざまに言う国はない。そして、日本人が日本の悪口を言うとき、日本を愛しているのではなく、むしろ憎み、突き放しているように思えて仕方がない。

日本を愛し、日本がもっといい国になることを望んでのこととはとても思えない。これもまた、私にとっては、〝日本の七不思議〟の一つになっている。

「個人と国は対立する」という刷り込み

やはり、いまの日本が抱える多くの問題の根本には、日本国民が、国家を空気のような存在にしか捉えていない、ということがある。

戦後生まれの日本人は、もう生まれ落ちた時から社会は安全で安泰で、どんどん豊かになっていくという、高度経済成長の中で育っている。

英語に「take it for granted」(当然のことと思う）という言葉があるが、彼らは今日の日本の豊かさや繁栄を当たり前のものと思い込んでいる。そのことについて、改めて考えたことがない。国というものの成り立ちについて、そして、自分と国との関係を。

しかし、日本のように恵まれた国に生まれた人たちにとって、それはある意味、当然のことなのかも知れない。私から見れば、羨《うらや》ましい限りというか、呆《あき》れるばかりであるが。「国あっての個人、個人あっての国」ではあるが、「国あっての個人」という認識がまったく欠落してしまっている。

グローバルな時代になればなるほど、「国家、民族、家族、個人とは何か」というテーマは、わたしたちにとって本質的な問題になってくる。だが、今日の日本人は、こうしたことへの思慮がまったくと言っていいほど欠けている。

その原因のひとつに、戦後、メディアが、「個人と国とは対立するものである」というメッセージを、国民に刷り込んできたことがあるだろう。

「個人と国は対立する」、そういう刷り込みがある。そして、かなり多くの人が、その刷り込みに毒されているのが現状だ。

もちろん、個人と国と対立するケースはある。独裁国家の場合はその典型であるが、民主主義国家の中でさえ、国と個人の利害が対立することはままある。

また、日本の場合、国の行政システムが統治的に隅々まで行き渡っているということは、ある意味、国民が政府に管理されていると言えなくはないし、そうしたことからも、摩擦や軋轢は生ずるだろう。

しかし、いまの日本社会は、日本国憲法の下、三権分立を基本においた民主主義国家である。言論の自由も信仰の自由も保証された、高度に多様化した社会である。

こうした社会と独裁国家とはまったく異なるものだ。

「個人と国は対立する」という意識的な刷り込みは、これら二つの社会を同一視しているようなものであって、本当の独裁国家を知らない人間の戯言《ざれごと》である。

民主主義国家にあっては、「国あっての個人、個人あっての国」だということを、決して忘れてはいけない。

日本人が理解できない

民主党は、二〇〇九年八月の総選挙で、「生活第一」のキャッチフレーズを掲げ、大勝した。外交や安全保障といった国家の存亡に関わる問題をすべて棚上げして、家庭のお財布をマニフェストの柱にするなど、そこには政党としての「国家観」「国家意識」といったものが完全に欠落している。

ことわっておくが、私は、外交や安全保障の問題だけが国家の問題である、などと言っているのではない。

個人にとって「生活第一」は当然のことだ。しかし、よく考えていただきたい。そもそも政治的にも経済的にも国が安定し、安泰でなければ、「生活第一」などあり得ないのである。こうした当たり前のことを、日本の政治家や知識人やマスコミは国民に伝えていないし、国民はそのことに気づいていない。

日本人にとって「国」とは空気のような存在だ。空気がなければ生きていけないのに、その存在に思いが至らない。

だから、日本が安全で安泰であるためには、国民個々人が、それを維持するための相応の努力をしなければならないという考えも、いまの日本人からはスッポリと抜け落ちている。

国をなくしたことのある人間であれば、いかに国の存在が大切なのかが、よくわかる。

先に述べたが、「九条さえあれば、日本の平和は保たれる」などと考えている人が、教育レベルの高い日本なのに多数存在する。日本の平和は、政治家、外交官、自衛隊、警察、消防は言うにおよばず、国民の総力と日米同盟に基づく米国の軍事力によって成立している。これらすべての要素があってはじめて日本の平和は保たれている。

「九条さえあれば、日本の平和は保たれる」――なぜ、これほど単純な考えに甘えていられるのだろうか。私にはまったく理解ができない。

今回の民主党政権の誕生とこの数カ月の政府・内閣の動きをみても、なぜ、これほど国家観、国家意識のない人たちが政治家でいられるのか、なぜ、こうした政治家をサポートする多くの国民がいるのか、これまた私には理解できない。

私のように、自分の国を創る努力をし、国を失う目に遭った人間からみると、多くの日本人はあまりにもお人好しな単細胞に見えてしまうのである。

自民党の末期現象

二〇〇九年十月、政策研究大学院大学において、日本研究の泰斗、ハーバード大学名誉教授のエズラ・ボーゲルが基調講演を行った。ベストセラーとなった『ジャパン・アズ・ナンバーワン』（一九七九年）の著者である。

彼は、現政権を「アマチュア」だと断言した上で、政権をとるため「ポピュリズムに走ってバラマキ政策を展開した」と明言した。だから、「いま、ワシントンには忍耐が必要だ」と続けたのである。

同様のことを主張していた私は、まさにわが意を得たりであった。

また、テロ対策については「アメリカは苦しい財政の中でもカネを出し、米国民の人命も投げ出している」と言及した。これは、日米同盟において、「日本とアメリカは対等の関係」であると現政権が主張するなら、日本も応分にカネと人を出すべきであるという、民主党へのメッセージであった。

選挙前、自民党には「不満」があるが、民主党には「不安」があるなどと言われていたが、それでも「政権交代」という言葉に国民は踊らされ、蓋を開けてみれば民主党の圧勝だった。それがいま、普天間基地問題に代表されるように、「アマチュア」政治家たちによって、国の根幹を成す政治テーマさえ棚上げされ、停滞している。結果的に後世に大きな禍根を残すようなことになっても、有権者は自己責任としてそれを受け入れなければならない。

自民党は惨敗し、もはや、政党として衰退の感が否めない。「やはり民主党はダメだった」と言っても、はたして今度、代わりの政党はあるのだろうか。

選挙時、メディアが一斉に民主党一辺倒の風を吹かせたこともあるが、何よりも情けなかったのは、自民党自身が党としての求心力をどんどん失っていったことだろう。民主党への追い風の中で、自分だけは助かろうと、党内でじつに無様な争いを繰り広げた。

自民党の政治家たちの中には、周章狼狽したあげく、敵前逃亡する人、「自民党を批判すれば自分は助かる」と自民党批判を展開した人、新党結成をした人も出てきた。難破船から逃げ出すネズミの群れのような有様だったのである。

あまりにも、自分の所属する組織に対するロイヤリティがない人が多すぎた。人間として恥ずべきことだ。こうしたことは、国民の多くの人たちの目に、自民党の末期現象として映ったことだろう。自民党大敗の原因であった。

首相の「脱税」を許すな

「母親からもらったお金なのだから別にいいのではないか」

鳩山首相が受け取っていた母親からの「お小遣い」について、じつに寛容というか、甘く捉える人もいるようだが、それは、法的にも経済的にもあまりにも杜撰《ずさん》なセンスである。日本には法に定められた「贈与税」というものがある。それを一国の首相が支払わず、「脱税」したということに、どれだけ事の重大性を感じているのだろうか。

首相自身が認識していたか、していなかったかは問題ではない。「違法」「脱税」という事実なのである。もし、これが許されるのならば、日本には鳩山首相クラスのお金持ちはごまんといるだろうから、その人たちはみんな贈与税を払わないで、子供たちに財産贈与することだろう。「総理大臣が率先してやっているじゃないか」と言って。

日本国民のトップに立つ内閣総理大臣が、知らなかったと言って、自ら脱税をしていて本当に許されるのだろうか。遵法精神のカケラもない国民に、日本人はいつから成り下がってしまったのか。

現在、子供に無税で贈与できるお金は、一年に百十万円である。毎月千五百万円も母親からもらっておきながら、「知らなかった」などという人間は、すでに「政治家失格」と自ら言っているようなものであろう。

繰り返すが、国民に範を垂れるべき為政者が、「知りませんでした」では通らない。国民の納税の義務を首相自ら否定しているのだから。

「友愛」などと言って、「人間としての甘さ」「指導者としての甘さ」を露呈してしまった政治家に、日本の将来を任せていることに、不安を覚えざるを得ない。国益を損なう大失態を演じたときにも、「知りませんでした」で済まそうとするだろう。

あまりにも稚拙な「友愛外交」

二〇〇九年九月の国連気候変動枠組み条約第十五回締約国会議（COP15）において、鳩山首相が「公約」した温室効果ガス二五パーセント削減と、途上国の温暖化防止を支援する「鳩山イニシアチブ」は、最悪の外交手法と言っていい。

複雑な国際社会における「外交」とは何か、「ネゴシエーション」というのはどういうことか、まったく分かっていない人間のすることである。

温室効果ガス二五パーセント削減は、一番高いハードルからいきなり表明をしたようなものだ。外交交渉の常として、まず、自国の利益を第一に考えて、一番低いハードルから表明をしていく。そして、交渉を行いながら少しずつハードルをあげ、妥協をしていくのが外交スタイルの王道である。また、場合によっては、何も「公約」などしないという選択もある。

それに、途上国支援のためお金を出すということを表明した「鳩山イニシアチブ」は、初めから相手に手の内を見せるようなもので、あまりにも稚拙《ちせつ》な外交と言える。

この「鳩山イニシアチブ」が各国から大きな賛辞をもって迎えられたというニュースが当時大きく報道されたが、それは当然だろう。各国の代表者たちの多くは、この世間知らずでお人好しな日本の新しいリーダーの公約を、内心、笑って聞いていたのである。諸外国の政治家や外交官が、それぞれの国益しか考えていないなかで、日本はする必要のない最大限以上の「公約」をしてしまったのである。ご承知のとおり、すでに日本は世界の中でトップクラスの環境先進国なのである。

それに比べ、世界で一番、温室効果ガスを撒《ま》き散らしている中国はと言えば、「国内総生産（GDP）単位あたりで四〇％以上の削減」などという意味不明の目標を表明して、澄ました顔をしているのだ。

経済成長の著しい中国であるから、GDPが増えれば排出量自体も増え、排出総量は一九九〇年比で何倍にも膨らむであろうことは、いまどき、小学生でも分かる理屈だ。それを、中国人というのは、国際会議の場で、平然と言えるのである。

中国人にとって外交は得意中の得意である。何千年もの間、陰謀や謀略が渦巻く環境の中で生きてきた民族である。外交センスといったものが、いわば遺伝子に組み込まれてしまっているようなところがある。

ちなみに、お金に関しても、彼らは日本人とは異なる感性がある。

邱永漢は、「中国人ほどお金に敏感な国民は他に見たことがない。金持ちだけがそうなのではなくて、貧乏人もまったく同じようにお金には鋭く反応をする。国があてにならず、戦乱や飢餓の中を逃げ惑ってきたので、お金しか頼りにならないことが身に沁みているのである」と指摘している。

日本人は、あまりに外交下手である。隙《すき》あらば他国を陥《おとし》れようとしている国際外交の世界で、赤子の手をひねるように手玉に取られているのが「友愛外交」ではないだろうか。

安倍晋三元首相に期待する

古くは中国から学び、維新以後は本格的に西洋から学んで、これだけ豊かな社会を作り上げてきた日本人を、いまの日本人はもっと誇りに思っていいだろう。日本人自身が誇りに思わずして、誰が誇りに思うのか。

日本人が元来もっている、この自ら学んで吸収していく姿勢、進取の気性というものはこれからさらに必要とされるだろう。そうでなければ、現在の豊かな社会を維持していくことはできない。

その意味で、これからの日本の新しい地平を拓くためには、安倍晋三元首相が提唱していた「戦後レジューム」からの脱却が、その重要な一歩となってくる。

現在の日本は、じつは、さまざまな呪縛によって雁字搦《がんじがら》めにされている。歴史認識にしても、九条の問題にしても、核三原則にしても、敗戦からの後遺症からまだ抜け切れていない。

私は安倍元首相に、もう一度総理になって欲しいと思っている。彼は、年齢的にもまだまだ若く、そして何よりもしっかりとした国家観をもっている。衰退の兆候がはっきりと見える自民党にあって、残された希望の星である。彼は、先般の挫折を経てさらに大きく成長していると私には思われる。中国の習近平《しゅうきんぺい》来日の際の、小沢幹事長の「天皇の政治的利用」問題について、テレビからコメントを求められた元首相の発言内容は、じつに的を射たものだった。退陣の原因となった持病も全快し、元首相の表情には首相就任当時以上の確かな覇気を見て取れる。

安倍元首相は「戦後レジューム」に対し、「ノー」を言った。それは、政治的にも経済的にも、あらゆる意味で日本の新しい地平を拓くことになる。少し大袈裟に言えば、新しい日本文明へのステップとなる可能性があると私は考えている。

これに対して、朝日新聞を中核にして日本のマスコミは、異常なほどのヒステリックさで、安倍叩きを行った。おそらく、そうした背景には、太平洋を挟んだ二大国家の思惑も微妙に絡んで作用していたことは想像に難くない。

エリートを育てよう

私は一九七五年（昭和五十年）、四十歳のときに、イギリスのケンブリッジ大学に一年半客員研究員として在籍したが、そのとき、ケンブリッジ大学の学生と町の若者とでは、表情が違うことに気がついた。

「TOWN&GOWN」という表現がある。タウンというのは町、つまり、一般の人たちを指す。そして、ガウンというのは、ケンブリッジの学生が羽織っているガウンのことで、エリートを指す。

シェイクスピア生誕の地・ストラットフォードを訪ねる。ケンブリッジ大学の客員研究員時代

階級社会というものがはっきりと目に見える世界だった。

「ノーブレス・オブリージュ」という言葉があるが、それは、貴族階級など生まれながらにして高い地位や身分にいる人間に求められるもので、高位の者には、それ相応の重い社会的責任と義務が伴うというものだ。一般庶民にはまったく関係がない。イギリス社会の暗黙の了解だ。

ちなみに、昨今、日本で流行った「格差社会」などという言葉は、単に経済的格差現象を特徴的に捉えたものであって、イギリスに見られるような本当の階級社会・格差社会とは区別されるべきものである。

さて、戦後の日本では「結果平等主義」が幅を利かせるようになった。わたしたちの経済的営みやその他あらゆることの結果が、すべて平等でないと気がすまない。不公平であると、みなが主張するようになった。

しかし、すべての人に対して「機会」は平等であるべきだが、「結果」の平等は保証できるはずもない。

自分がどう生きて、どう努力するかによって、「結果」というものは用意されているからだ。「結果」というものは、それぞれの人の努力や営みの内容によって変わってくるという、ごく当たり前の真実を認めなければならない。

「私も上手くいかないのだから、あの人が上手くいくのは許せない」という考えが社会に浸透すれば、その社会は衰退の道をたどる以外ない。

才能のある人や一所懸命働く人の足を引っ張ってはいけないし、やっかみの心情は最も醜いものである。嫉妬や妬《ねた》みから未来を切り拓くことはできないのである。

むしろ、そうした能力のある人たちには、いままで以上に努力してもらい、いままで以上に働いてもらい、二倍も三倍も税金を払ってもらうべきなのであって、それが社会のためにも国民のためにもなる。

身体的・精神的にハンディキャップのある人たちを支援するためにも、より多くの税金を払う人がいてほしい。国家として、行政としてバックアップするには税金が必要となるのである。

だが、いまの日本の社会では、こうした当たり前のことを言うことさえ憚《はばか》られるのだ。だから、政治の世界だけを見ても、政治家の器がどんどん小さくなって小物ばかりが目立ち、本当のリーダーが出てこなくなってしまった。

政治の世界に限らず、学界でも、スポーツ界でも、芸能界でも、エリートをみなで育てていく、応援していくような気風がなければ、その社会は発展しないばかりでなく、沈滞し衰退していくだろう。

何でもかんでも削ればいいという話ではない

二〇一〇年度予算の概算要求をめぐる「事業仕分け」作業において、民主党の蓮舫《れんほう》議員が「どうして二位では駄目なのか」と、「次世代スーパーコンピューター」の開発予算について切り込み、予算凍結となる騒ぎがあった。

私は、コメンテーターとして出演している爆笑問題の番組収録で、この問題について発言をした。

太田総理から、「日本は一位になれないんだから、ならなくてもいいだろう」という発言があって、私は、それに反論をした。

「もちろん、日本は、総合力で世界一位の国にはなれないし、なる必要もないだろうが、しかし、せめて得意な科学技術の分野などで世界一にならなければ、いままでの日本人の生活レベルは保てない」と。

この不況下で、少し生活レベルが下がっただけでも、大騒ぎしているのだ。せめてみなが望んでいるくらいの生活レベルを保つためには、得意な分野で世界一にならなくては、やっていけない。

文部科学省の次世代スパコン開発費は、最終的にその要求額から四十億円削減した二百二十八億円の予算計上で決着したが、ここにもある種「やっかみ精神」が隠れているように思われてならない。

スパコン開発者、科学者たちを支援し、国を牽引する産業に育ててもらおう、という意識を国民がもっていれば、こういった愚かな「仕分け」はそもそも起きなかったはずだ。何でもかんでも削ればいいという話ではない、国家の将来がかかっている問題なのである。

日本の「組織力」は世界でトップ

タイの華僑の人に、だいぶ前にこう言われたことがある。

「華僑というのは、やっぱり商売が上手い。特に華僑の中でも、仙頭《スワトー》の華僑が商売上手で警戒されている」と。

しかし、その彼が続けてこう言った。

「それでも日本人にはかなわない」と。

私が、「えっ、どうしてですか?」と聞くと、「日本人は組織でくるからだ」と言う。

華僑というのは、組織ではなく一匹狼で商売をする。日本人と一対一の勝負だったならば、彼らは絶対に負けないと言う。

しかし、その華僑でも、日本人の組織には敵わない。

日本人は、「三菱です」「三井です」「住友です」と、組織で商売にやってくる。それには到底太刀打ちできないと言うのだ。

日本代表の野球チームは、二回連続でWBCの優勝を飾った。それも「組織力」であろう。一人ひとりを比較すれば、アメリカ人選手のほうが、能力は勝っているだろう。もちろん、日本代表の個人技も優れているのだが、やはり決め手となっているのは日本チームの組織力である。

しかし、いまの日本を見ると組織力は蔑ろにされている傾向にある。いまの若い世代は、自分のことだけに目が向き、「組織」というものに対する考察に欠け、「組織力」を評価できない。だから、組織に対するロイヤリティもどんどん低下しているのが現実だ。

小さい時から、「自己が大事」『自分らしくが大事」と言われて育った世代は、「会社に何が貢献できるか」ではなく、「会社が自分に何をしてくれるか」という発想が行動の前提となっている。自分が組織の中で日々の糧を得ていることも忘れ、組織に対して要求するばかりになっている。

要求するばかりで、自己献身や奉仕する精神を知らないひ弱な若者たち――その若者たちを育てた大人たちの責任も大きい。

日本はアジアのリーダーとしての自覚をもて

長年、台湾は、「日本に追いつき追い越せ」をスローガンに経済的にも社会面でも、日本を範として歩んできた。

しかし、ここにきて失速気味の日本の姿を、台湾は心配しながら様子をうかがっている。こうした状況は、台湾だけでなく、その他のアジアにとっても深刻な不安感を与えている。

アジアの諸国は、日本がアジアのリーダーとして、常に自信をもって高く聳《そび》えていてほしいと願っているのである。また、日本がリーダーであることが、アジア地域にとっての幸せにつながると言える。

というのは、日本人は民族性として、伝統的な道徳的遺産を持ち合わせているからである。さらに戦後、半世紀以上にわたって、自由で民主的な社会を実現してきた。そうした歴史的実績をもっている。

そして最も重要なことは、日本が領土的野心をまったくもっていない主権国家だということである。そういう国がリーダーシップを取ってくれれば、発展途上の段階にある国々や、あと一歩で先進国というアジアの国々は、安心して日本をモデルとしてついていくことができるし、いざというときに何の懸念もなく協力を仰ぐことができる。

日本は、このアジアのリーダーとしての使命を自覚して、その責任を果たすためにはどうすべきかを真剣に考えるべき時を迎えているのではないだろうか。

（文中、敬称略）

雑誌の取材に応じる。自宅書斎にて

あとがきに代えて

もうビザを取らなくてもいい

日本の国籍をとって、最初に心に浮かんだことは、「ああ、もうビザを取らなくてもいいのか。やれやれ」というものだった。

海外渡航の多い私にとっては、どこに行くにも必要だったビザから解放されたという思いは強い。ビザを取るにはどれだけ苦労するか、これは、経験者でなければ分からない。

私は、ビザを取得していないで国外退去に遭《あ》ったことが、これまで二度ある。

一度は、二十年ほど前だが、シンガポールから鉄道を使ってマレーシアに入ろうとしたときで、鉄道であれば誤魔化しもきくかと思ったがダメだった。

二度目は、夫の周英明と一緒だったが、スペインのビザを取ってポルトガルに行こうとしていた時にひどい目に遭った。

スペインとポルトガルは、シャトルで移動できて、イミグレーションもないので大丈夫だろうと油断して、ポルトガルのビザを取っていなかった。マドリードからリスボンに行く飛行機の機内で、着陸寸前に「この飛行機はローマ、マドリード、リスボンを経由していますから、全員イミグレーションを通って下さい」とアナウンスが入った。

当時イタリアはシェンゲン協定の加入国ではなかったので、イタリア発の飛行機の乗客は全て入国審査を受けなければならない。

私はこれを聞いて大変なことになったと思ったのだが、スペインのビザはあるし、ラテンの国だからいけるかもしれない、と望みをかけた。しかしイミグレーションで止められて、係員に上級職の担当官のオフィスに連れて行かれた。

私は、「私たちはフォルモサの人間です。かつてポルトガル船が台湾を通った時に台湾を『フォルモサ！』(美しい島)と呼んだんですよね」などという話から入って説得しようとしたが、「ノー」。

「我が国は、マケドニアと台湾だけは国交がありません。次の便でお帰り下さい」と言われた。スペインが受け入れてくれたからいいようなもので、不法入国者として収容されかねない事態であった。

「作家かどうか、どうやって証明するんですか」

ビザの取得とは、台湾人であれば、その台湾人が外国に行ったときに、不法残留や不法労働等のリスクがない、ということを証明するためのものだ。

二〇〇九年九月の段階で、日本は六十三カ国との間にビザ免除措置をとっている。ビザ取得の必要がない「五つ星パスポート」を日本人はもっているのである。

だから、貧乏旅行をしている学生であっても、日本のパスポートをもってさえいれば、ポルトガルでもスペインでも簡単に入国できる。日本国という「保証」があるからだ。

国の力、信用度が端的に示されるのがパスポートである。それは個々人の力とはまったく関係がない。

私のように、ファーストクラスで旅行にいく人間であっても、パスポートが中華民国という理由で「ビザを取ってください」ということになる。

ビザを取るには、大量の書類を抱えて大使館に行き、ときには職員に不愉快な対応をされる。

イタリアのシシリー島に行く時、日本のイタリア大使館でもひどい扱いを受けた。パスポート、飛行機のチケット、ホテルの予約クーポン、保険証明書、現金、銀行通帳、職業証明書……。これだけの書類を揃えていても、「通帳は半年以上の記録があるものでないとダメです」などと言われ、挙げ句の果ては、職業欄に書いた「作家」の記述を見て、「作家かどうか、どうやって証明するんですか」と、のたまわれたのである。

いま話せば笑い話にもなるが、その時は、「どうしてこんな屈辱的な目に遭わされるのか」と思った。私はイタリアにお金を使いに行くのだ。

日本人になって、そうしたつまらない苦労から完全に解放された。私の爽快感をわかってもらえるだろうか。

日本人に生まれた幸せ

日本人は、「パスポートのありがたみ」を知るべきである。

ビザなしで海外に行ける国のパスポートというのは、じつはそんなに多くない。日本という国が国際社会で認められている証拠である。

現在の日本人は生まれ落ちたそのときから自分の国をもち、何の苦労もなく「五つ星パスポート」をもっている。日本は世界でもずば抜けた先進国で、あらゆる面で恵まれているのに、そこに住む人々は憂鬱そうな、不幸そうな顔をする。そのほうが知的に見えるとでも思っているのだろうか。

もし、「日本国籍」でいることの幸せがわからず、不幸だと嘆くのであれば、日本人であることをやめることだ。日本人であることの恩恵だけをしっかり受けながら、国のために戦うことをせず、国を蔑ろにし、根拠のないルサンチマンに浸るだけならば、即刻、日本国籍を返上し、どこにでも自分の望む国に移住すればいい。

私は、日本人が自分のもっている「パスポートのありがたみ」が分かるようになれば、この国の将来にも新たな希望が見えてくると思う。なぜなら、そのありがたみが分からない人には、「国家」というものが分からないからである。「国家意識」なき民族が衰退の道をたどるのは必定である。

私の日本のパスポートは、十年用である。あと十年間私が生きていられるかどうかは分からないが、「どうせなら」という思いで取得した。十年後、もし私が生きていて、パスポートを持って空港の入管を通るとき、入管の職員はヨボヨボの私と十年前の私の写真を見比べて「別人？」と思うだろうか。いま、そんな空想を愉しんでいる。

平成二十二年二月吉日

金　美齢

金　美齢（きん・びれい）

評論家。1934年、台湾生まれ。1959年、早稲田大学第一文学部英文科に留学。1971年、早稲田大学大学院文学研究科博士課程修了。1975年より英・ケンブリッジ大学客員研究員。早稲田大学講師などを経て、評論家としてテレビ、雑誌等で活躍。JET日本語学校理事長。2000年5月～2006年5月まで台湾総統府国策顧問。主な著書に、『鬼かあちゃんのすすめ』『夫婦純愛』(小学館)、『凛とした生き方』(PHP研究所)、『戦後日本人の忘れもの』『日本人の覚悟』『日本ほど格差のない国はありません！』(ワック)などがある。

私は、なぜ日本国民となったのか

2010年2月18日　初版発行

著　者　金　美齢

発行者　鈴木　隆一

発行所　ワック株式会社
東京都千代田区九段南 3-1-1　久保寺ビル　〒102-0074
電話　03-5226-7622
http://web-wac.co.jp/

印刷製本　図書印刷株式会社

ISBN978-4-89831-617-7

好評既刊

日本ほど格差のない国はありません!

金美齢

B-058

日本人よ、自信を持て!——今こそ自分たちの長所と美点を再認識し、活かすべきときだ。台湾独立運動を闘った著者が、辛口ながら愛情溢れるエールを送る。

本体価格九三三円

日本人の覚悟

金美齢

B-065

自分の国を愛さない者が、他の国を愛せるわけがない。前途、多事多難な日本にとってまさに肝要なことは、日本を愛する日本人の覚悟のあり方である。

本体価格九三三円

日本の歴史⑦戦後篇「戦後」混迷の時代に

渡部昇一

「日本人のための日本の歴史」第一弾。歴史を歪めてきたサヨク的「戦後常識」のベールをはがしてみれば、そこには父祖の世代のまっとうな歴史観がみえてくる。

本体価格一三三三円

http://web-wac.co.jp/